美味しい櫻

SAKURA

食べる桜
見る桜
知る桜

桜についてもっと知ってほしい
もっといろんな桜を見てほしい
もっとあちらこちらの桜を見てほしい
もっといろんな桜の食を楽しんでほしい
そんな強い念《おも》いでこの本をつくりました。

平出 眞 編著

食べる桜

見る桜

知る桜

【本書を読む前に】

- P21～61で紹介している商品は、季節限定のものが多く、販売していない時季があります。また、商品の形や販売時期、価格その他は2015年のものです。形や内容は変更になる可能性もありますのでご了承ください。
- P62～87の材料の呼び名、使用する道具·機器の名称は、各店での呼称に準じています。レシピの表記、分量の単位は各人の表記に従って掲載しました。また、火加減、加熱時間などは、各店で使用している機器を使った場合のものです。
- 取材協力会社の情報や取材協力店の情報は、2015年11月現在のものです。

食べる桜

「見てもよし、食してもよし」
桜の花や葉を〝食べる〟というのは、日本人ならではの行為です。
そしていま、食べる桜の世界がますます広がっています。
この章では、食べる桜のできるまでや、そのルーツ、
また、全国各地の桜スイーツや料理、お酒をご紹介します。
トップシェフによる桜のレシピも大公開します。

桜とお菓子

日本における菓子の起源

日本における「菓子」という言葉の起源を遡ると、木の実や果物などを指した「果(菓)子」に端を発するとされますが、今では一般的な「和菓子」という言葉は比較的新しく、明治時代以降に広まった西洋の菓子を指す「洋菓子」に対して使われはじめたようです。

和菓子の種類は様々ありますが、中でも生菓子は2つに大別できます。ひとつは大福や団子のように、朝作ってその日中に売り切る庶民的な「朝生菓子」。もうひとつは煉切り《ねりき》などを使い、季節の情景を菓銘や意匠で表現した「上生菓子」。その起源は、江戸の元禄年間（1688〜1704年）の頃に作られるようになった「上菓子」にまで遡ります。日本人の季節感や美意識が和菓子の意匠や味わいだけでなく、菓銘にも映し出され、五感で味わう芸術にまで高めました。その流れは今も上生菓子作りに受け継がれています。

花見と桜餅

桜にちなんだ和菓子といえば、やはり桜葉に包まれた「桜餅」が筆頭ではないでしょうか。桜餅の誕生は、江戸時代中期に花見が庶民の行楽として一般的になったことが背景にあります。八代将軍・徳川吉宗の命により、現在も花見の名所として有名な向島の隅田川堤に大規模な桜の植栽が行われ、それまで上流階級の楽しみであった花見が庶民にも広まっていきました。その桜葉を利用して生まれたのが、

特製干菓子「和三盆糖製　桜思ふ」
日本の伝統美と現代的感覚が融合した「現代の琳派」を目指す女流日本画家、山岸泉琳氏のデザインを『とらや』が干菓子にした。山岸氏の作品である桜をモチーフにした上品で可愛らしい意匠が話題に。
※現在、製造販売はしていません。1個あたり約4g。

今も春の和菓子としておなじみの桜餅です。江戸で人気を博した桜餅（P16）は上方へも伝えられました。

　現在は、焼いた小麦粉生地で餡を巻いた関東風と、もち米を原料とした道明寺生地で餡を包んだ関西風の桜餅があります。道明寺生地の桜餅の由来については、明治30（1897）年頃、奥村又兵衛という人物が「嵯峨名物桜餅」として発売したという記録があります（虎屋文庫「甘い対決 和菓子の東西」展（2014年）小冊子参考）。

　どちらの生地を好むかは地域によって分かれる傾向にあるので、各地の桜餅を食べ比べてみるのもおもしろいかもしれません。

桜と御所車という古典的な組み合わせの意匠の押物。型打ちに使用する「木型」は、芯部分が非常にかたく、木型に適していることから、桜の木から作られている。
写真提供：とらや（撮影：安室久光）

「花見車」は春爛漫の平安京を行き交う、華やかな御所車を思わせる意匠。1個あたり約100g。

桜の菓子の開花

明治時代の文明開化によって洋菓子が盛んに作られるようになり、菓子文化はますます花開きます。桜葉や花びらも味わう菓子の登場はもう少し先のことですが、明治初期には『銀座 木村屋總本店』が考案した「桜あんぱん」（P18）が売り出されました。塩漬けの桜花を酒種あんぱんに使うという当時としては斬新なもので、和魂洋才の息吹を感じさせる逸品として今も人気です。

　和菓子業界で桜を使った菓子への先鋒を切ったのは、室町時代後期に京都で創業した老舗和菓子屋『とらや』です。平成13（2001）年に塩漬けの桜葉入りの緑の煉羊羹と桜色の道明寺羹を組み合わせた「桜の里」を発売し好評を得ると、全国の和菓子屋もこぞって桜の菓子を考案しはじめるようになりました。

　続いて老舗洋菓子メーカー『ヨックモック』が平成15（2003）年に業界初となる桜葉と桜花を生地に加えたクッキーを発売し、人気を博します。桜は和のイメージが根強く、塩漬けの桜葉の塩気も洋菓子には合わないとされていましたが、塩キャラメルを皮切りにした世界的な塩スイーツブームの到来を追い風に、今では和菓子以上に多彩な桜スイーツが登場し、春の訪れを楽しませてくれます。

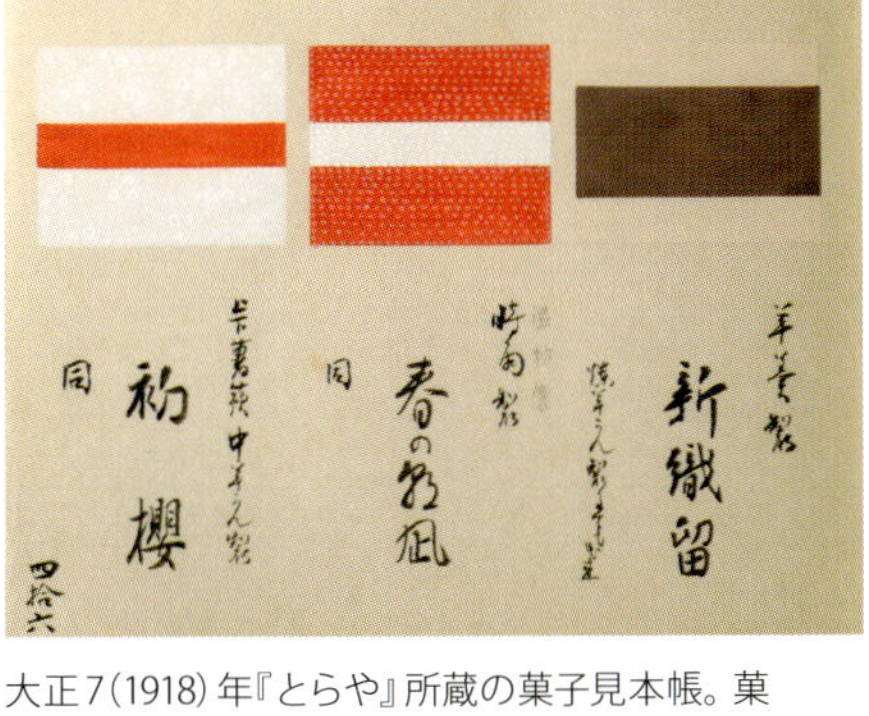

大正7（1918）年『とらや』所蔵の菓子見本帳。菓子の絵と菓銘を彩色して記録した帳面で、写真右の「春の錦」、左の「初桜」のように現在も『とらや』の店頭に並ぶものもある。『とらや』には古くは元禄8（1695）年に作られた見本帳もあるという。
写真提供：とらや

『とらや』のさくら意匠の和菓子

四季の移ろいを情緒豊かに表現した和菓子のなかでも桜の意匠の和菓子は特に多いといえるでしょう。ここでは、様々な桜の和菓子を紹介します。
（春の季節の菓子のため、販売時期が限られます。）

協力：とらや

奈良の都

奈良・東大寺のナラノヤエザクラは国の天然記念物に指定されています。花びらが幾重にも重なり咲く姿は、かつて都として栄えた奈良の華やかさを偲ばせます。艶やかに匂い立つような八重桜一輪をかたどりました。

都の春

紅と緑に染め分け、京都の春の華麗さを表わしました。柳の緑や桜の紅を錦に見立て、春爛漫の情景を詠んだ『古今集』の歌「みわたせば 柳桜を こきまぜて 都ぞ春の錦なりける」を思わせます。

春の錦《にしき》

江戸時代後期の光格上皇より御銘をいただいた菓子です。端正な桜形を紅・黄・緑の三色に染め分けして春の彩りを表わしました。大正七年の「数物御菓子見本帳」（p7）にも描かれています。

手《た》折《おり》桜《ざくら》

目の前に「春を謳歌するように咲く桜の美しさを、自分だけで賞美するには忍びなく、手で折って持ち帰りたい」という気持ちになるのは、日本人の自然な感情。桜への想いが込められた菓子です。

遠《とお》桜《ざくら》

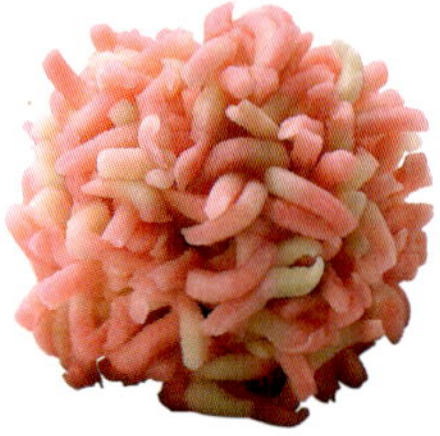

遠くに見える桜の織りなすグラデーションを、白と紅のそぼろの濃淡で表現しています。花見といえば桜の下を歩いたり、宴を開いたりして間近で見るのもよいですが、野山に点々と咲く桜を眺めるのもまた風情があります。

桜《さくら》形《がた》

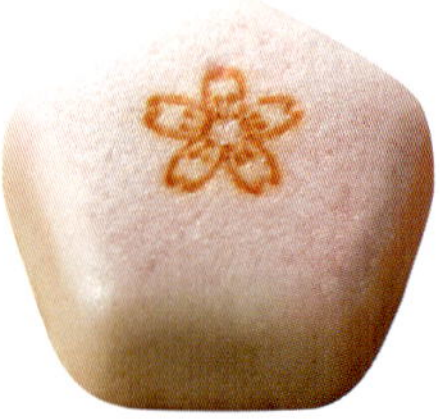

桜の花を思わせる薄紅色をした五角形の薯蕷饅頭に桜の焼印を押しました。ほのかに透けて見える紅色からは、野山が桜色に染まる情景が思い浮かびます。

初桜《はつざくら》

初桜は初花ともいい、その年に初めて咲いた桜の花のこと。しっとりとした白の薯蕷《じょうよ》生地（※）で紅色の羊羹製（こなし）を挟みました。菓銘そのままに、咲き始めの桜の初々しさを感じさせます。

※つくね芋に上新粉と上白糖を混ぜ、枠に入れて蒸しあげたもの。

嵐山

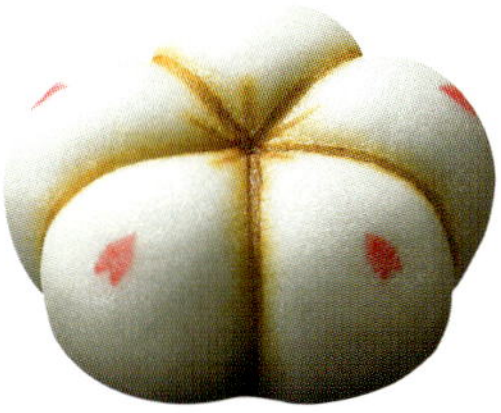

一輪の清楚《せいそ》な桜をかたどった薯蕷饅頭。この菓銘の由来となっている洛西《らくせい》の嵐山は四季を通じて観光客が絶えない名所で、奈良の吉野から移植したといわれる桜は、紅葉と並んで特に有名です。

春の色

山々に棚引く霞を背景に、咲き揃う桜を思わせるような意匠のお菓子。「春色」という言葉は、古くから詩的表現に広く使われており、のどかな中にも華やかさや浮き浮きとした気分の漂う情景を表現しています。

春の夜《よ》

黄色い求肥で桜をかたどり、新引粉（糯米を蒸したあと乾燥させ、砕いて炒ったもの）をまぶし、朧月にかすかに照らされる桜の風情を表わしています。

花《はな》筵《むしろ》

一面に咲いた花や、花が散って地面一面に花びらが敷きつめられた様子を筵に見立て、菓銘を「花筵」としました。緑の求肥に紅のカルメラをつけ、芝草に桜花が散り敷いたかのような風情があります。

御代《みよ》の春紅《べに》

桜をかたどった薄紅色の最中です。天皇の時代が末永く栄えることを願う菓銘で、転じて平和を祈願しためでたいもの。

花《はな》筏《いかだ》＊

花びらが川を流れていくさまを、筏にたとえて「花筏」と呼ぶことがありますが、このお菓子は言葉のとおり、筏に桜の枝を置いた意匠です。押物製（※）。

※上白糖に澱粉・寒梅粉を混ぜ、木型に入れて押し、乾燥させたもの。

熊野桜《ゆやざくら》＊

能の「熊野《ゆや》」にちなんだ菓子。熊野は平宗盛に仕える女性で、花見の供をした折、故郷で病に伏す母を桜にたとえて詠んだ歌が宗盛を感動させ、帰郷を許されました。桜の枝と短冊の意匠が、歌を詠む場面をイメージさせます。押物製。

＊こちらで掲載している和菓子は実際の大きさとは異なります（押物は生菓子よりも大きなサイズです）。

特別インタビュー

桜と和食

食材は神様からのギフト

桜は、古くから農耕と関わりの深い日本人にとって独特の想いがある花です。諸説ありますが、昔は春になると「サ」(田んぼ・稲)の神様)が「クラ」(神様が座すところ)にやってきて豊穣をもたらすと信じていました。その神様がやってくる木が「サクラ」で、桜の木のもとで五穀豊穣を祈って宴をしたのが花見の始まりだといわれています。

このように常に自然と共にあるという精神性を持つ日本人にとっては、料理を作るときも、食材はみんな神様(自然)がつくられたものので、神様からのギフトやという。だからできるだけ余分な手は加えんと、自然のままの本来あるべき状態でいただきたい、という想いがあります。

たとえば大根一本にしても神様からいただいたもんやから、これはこれで完璧であると。まず清めるために水で洗い、外側の皮をむく。次に大根を水でゆがくとアクがとり払われる。さらに、「味」は付けるのではなく、〝添える〟もんやという。「風呂吹き大根」などをみると、そうした精神がよく現れていると思います。

余計なことはせず、神様から与えれた自然なものの中に宿っている何か「本質的なもの」を引き出すことを理想とする。それが食材の持ち味を生かすという考え方につながっていく。日本人は昔から、そういう思想を礎にして料理を作ってきたんです。

『菊乃井』主人　村田吉弘《むらたよしひろ》

京都・祇園の老舗料亭『菊乃井』三代目。「現代の名工」「京都府産業功労者」「京都府文化功労賞」など多数の受賞歴がある。「和食」のユネスコ世界無形文化遺産登録の立役者としても活躍。現在NPO法人日本料理アカデミー理事長。

菊乃井　本店

京都府京都市東山区下河原通
八坂鳥居前下る下河原町459
075-561-0015

ハースト婦人画報社刊
婦人画報2007年4月号より転載

若狭ぐじの大島桜葉蒸し

『菊乃井』の名物料理である「若狭ぐじの大島桜蒸し」。道明寺に刻んだ桜葉を混ぜてぐじ（甘鯛）と桜葉で包んで蒸し、銀あん仕立てに。蓋をとると清涼で甘い桜の香りが濃厚に広がる。　器：瑠璃黄花紋銀蘭手向付

料理のイメージをかきたてる桜

とはいえ、うちはやはり料理屋ですから、料理にはそれなりに手をかけます。桜を例にすると、うちの店の名物にもなっている「若狭ぐじの大島桜葉蒸し」は、道明寺をぐじ（甘鯛）と桜葉で包んで蒸しあげ、銀あんをかけた椀物ですが、蓋をとった瞬間に桜の香りがふわーっと広がります。他にも日本酒に塩抜きした桜葉を漬けて香りをうつした「桜酒」をお出しすることもあります。

うちでは見るからに「桜」と分かるような使い方はあまりしませんね。桜はそのまま出てくるより、想像をかきたてるようなもんがいいんですわ。一番のごちそうは、食べる人の頭の中にあるイマジネーション。そういう風情や奥行きを楽しむ向きは日本の和食文化のひとつでもあると思いますね。だから春でも桜を使った料理を出すのは献立の中でせいぜい一品。桜を見ながら、料理まで最初から最後まで桜やったら野暮でしょ？

和食を次世代へ継承していく

世界的なヘルシー志向の高まりから和食が世界的に注目され、海外のトップシェフ達が日本の醤油やわさび、味噌といった伝統的な調味料や食材を使いこなす時代です。

一方、国内で和食離れが深刻化していることに危機感を感じます。まずは家庭から自国の食文化を継承していく姿勢が必要やと思います。そういう意味でも、桜のような日本の季節感や風情を代表するものを家庭の食卓に取り入れると食生活が豊かになりますよね。

難しく考える必要はないんです。たとえば、炊きたてのご飯に桜エビと桜花パウダーをかけて桜ごはんにするとか。あと生姜とも相性がいいです。桜の香りをハーブの一種だと考えれば、サワラとかサバのようなクセのある青魚にも合うと思います。いろいろアイデアをめぐらせと、作るのが楽しくなりますよ。

日本の「和食」は２０１３年に世界無形文化遺産に登録されました。こうした動きも追い風に、あらためて日本が誇るべき食文化を次世代へ伝えていくことが大事だと思います。

花が八部咲きになる頃を見計らって収穫する。花びらを傷つけないよう、木に登り、手で丁寧に摘み取る。樹齢40〜50年ほどの大きく育った木が収穫に適している。

産地を訪ねる

桜が咲き誇る春。その花を摘み、そして葉を収穫する人がいます。食用桜の生産に携わる方々です。桜花漬の里、桜葉漬の里を訪れ、普段なかなか見ることのできない食用桜の収穫と塩漬けの風景をご紹介します。

桜花漬の里
—神奈川・秦野市—

神奈川県秦野市の千村《ちむら》地区は、八重桜の里として知られ、食用の桜花の一大産地でもあります。桜花漬に用いられるのは、主に「関山(カンザン)」や「普賢像(フゲンゾウ)」といった、紅色が濃く、30〜50枚の花びらを持つ大輪の八重桜です。千村には古くから八重桜が数多く自生していたとみられ、江戸時代の末頃から、村の祭礼の費用を捻出するために、花を収穫・塩漬け加工して、売り始めたといわれています。現在、千村には約１３０軒の桜花農家があり、その八重桜の総数は２５００本。年間15〜20トンを出荷し、これは全国一の生産量を誇ります。現在、加工を兼ねる農家は減り、加工は主に小田原の漬物業者などが担っています。

取材協力：秦野市役所

秦野市千村では、4月中旬になると、家族総出で桜を収穫する光景があちこちで見られる。

桜花農家を兼業する小野造園の小野孝允さん。熟練者は1日30kgを摘むというが、小野さんは1人で50kgを摘み取るという桜摘みの名人だ。

花を塩漬けにする

秦野市内の農家で摘み取られた花の大部分は、小田原市内の漬物業者に引き取られる。花が散ったり、香りが飛ばないよう、収穫したその日のうちに加工し、最低3ヶ月以上漬けて出荷する。

花が蒸れないように網袋に入った状態で届く。到着後、速やかに漬け込み作業開始。

1. 洗浄、殺菌、発色のために梅酢と塩で漬け込む。花を酢の中でやさしくもみ洗いし、浸透させる。
2. 漬け樽に花を入れ、塩をふって、ひと押しする。これを繰り返しながら樽いっぱいに詰めていく。

3. 1日たつと発色し水が上がってくる。別の容器にほぐしながら入れ替え、ムラなく漬かるようにする。
4. 漬けあがったら、商品状態や異物が混入してないかを手作業でひとつずつ徹底した検品を行う。

取材協力

神尾食品㈱（神奈川・小田原市）
梅干を中心に数多くの漬物を製造しているトップメーカー。曽我梅林で取れた梅を利用した梅干は、名産品として全国的に有名。

産地を訪ねる
桜葉漬の里
―静岡・松崎町―

静岡県・西伊豆の松崎町は、桜葉漬の一大生産地。桜葉漬に使われる大島桜の全国シェアの約8割を占めています。毎年5月から8月が収穫期で、半年以上漬け込んでから出荷。平成26年の総生産量は50枚1束にして80万束（4000万枚）に及びました。

伊豆大島原産の山桜である大島桜は、防風林としての役目や薪炭用材としてだけでなく、桜葉特有の芳香成分クマリンの含有量が高いことから、食品材料として明治末期頃に桜餅に使われるようになりました。松崎町では、昭和初期頃から山野に自生する大島桜の葉を採るようになりました。木が大きく成長し、新芽が採りにくくなったことや昭和30年代の燃料革命によって薪炭の需要が減り、桜を伐採しなくなったことをきっかけに、畑栽培に移行。やがて桜葉漬が産業として栄え、松崎町は日本一の桜葉の町となりました。

取材協力：松崎町役場、㈲丸後食品（静岡・松崎町）

桜葉農家の斉藤千代子さん。桜葉漬に使用する大島桜は、繁殖力が強く、生育が早いのが特徴。収穫は、5月頃から8月まで、1枚ずつ手作業で摘み取られる。落葉した冬場に、株元を残して枝をすべて刈り込み、毎年新しく伸びた枝の葉を収穫する。

よく漬けあがった桜葉は、芳香が強く、鼈甲色のしっとりとした艶を放つ。

『長八美術館』前にある町のシンボル。高さ直径ともに2mある杉製の三十石樽は、もともと味噌や醤油づくりに使用していた物を引き継いだ。

葉を塩漬けにする

大量生産されるようになり、樽は伝統的な三十石の木樽からプラスチック製の四斗樽に姿を変えたが、昔ながらの製法は今も変わらない。半年以上漬け込んでから出荷する。

1. 5〜10分ほど丁寧に水洗いしながら、虫やゴミなどの異物や傷のある葉を取り除く。

2. 葉の状態と大きさを1枚ずつ手作業で確認し、S・M・Lの大きさに選別する。

3. 表を内側にして軽く縦に折り、50枚を1束に束ねる。束ねることを“まるける”という。

4. サイズ別に漬け分ける。放射状に並べながら塩をふり、塩水(23%の飽和状態)を足す。

5. 水が上がると樽の中で葉が浮かないように、桟木と縄の枕で押しをして蓋を打ち込む。

6. 常温で漬け込んだ葉は、半年から1年後には鼈甲色のしっとりした葉に漬け上がる。

取材協力

橋本屋商店㈱（静岡県・西伊豆町）
桜葉の生産農家であり、漬け元でもある。

食べる桜のルーツを探る

桜葉

桜餅

東京・向島『長命寺 桜もち 山本や』の桜餅。塩漬けにした桜の葉で餅を挟む素朴なスタイルは昔のまま。日本初の桜餅は初代の山本新六が享保2（1717）年に考案した。

桜餅のルーツは長命寺桜もち

たくさんの人に愛されている桜餅は、関東風と関西風で大別され、それぞれ生地が異なります。関東風は小麦粉を水溶きして焼いた生地であんを挟み、塩漬けの桜の葉で包んだもの。一方の関西風は道明寺粉を蒸した生地であんを包み、桜の葉でくるむスタイルです。歴史を遡れば、天和年間（１６８１〜１６８４年）の文献に「桜餅」の名がありますが、これは、今のように桜の葉で包むものではなく、中にあんを入れて桜花形に作った蒸し菓子だったようです。

実際に桜の葉を使って菓子を包むようになったのは、「長命寺桜もち」からです。江戸時代から３００年続く桜餅の老舗『長命寺桜もち　山本や』は、東京・向島の隅田川近くにある天台宗の寺院・長命寺の門前で享保２（１７１７）年に商売を始めました。隅田川堤は当時から桜の名所と知られていたほど桜が多く、この桜の葉を何かに使えないかと初代山本新六が考え出したのが、桜の葉を塩漬けにして桜餅を作ることでした。

桜の香りは塩漬けで生まれる

桜の葉は生のままではあの独特の香りはなく、塩漬けにすることでクマリンという芳香成分が生まれます。この香りがなければ、桜餅の魅力は半減してしまうでしょう。さらに、塩蔵した葉で餅を包むことで、餅が乾きにくく、しっとりとした食感を保つという効果も

桜餅といえば桜葉でくるんだものを連想するが、関西と関東では、内容が異なる。関東風は小麦粉を水溶きして焼いた生地であんを包み（写真右）、関西風は道明寺粉を蒸した生地であんを包む（写真左）。
（写真提供：㈱オランダ家）

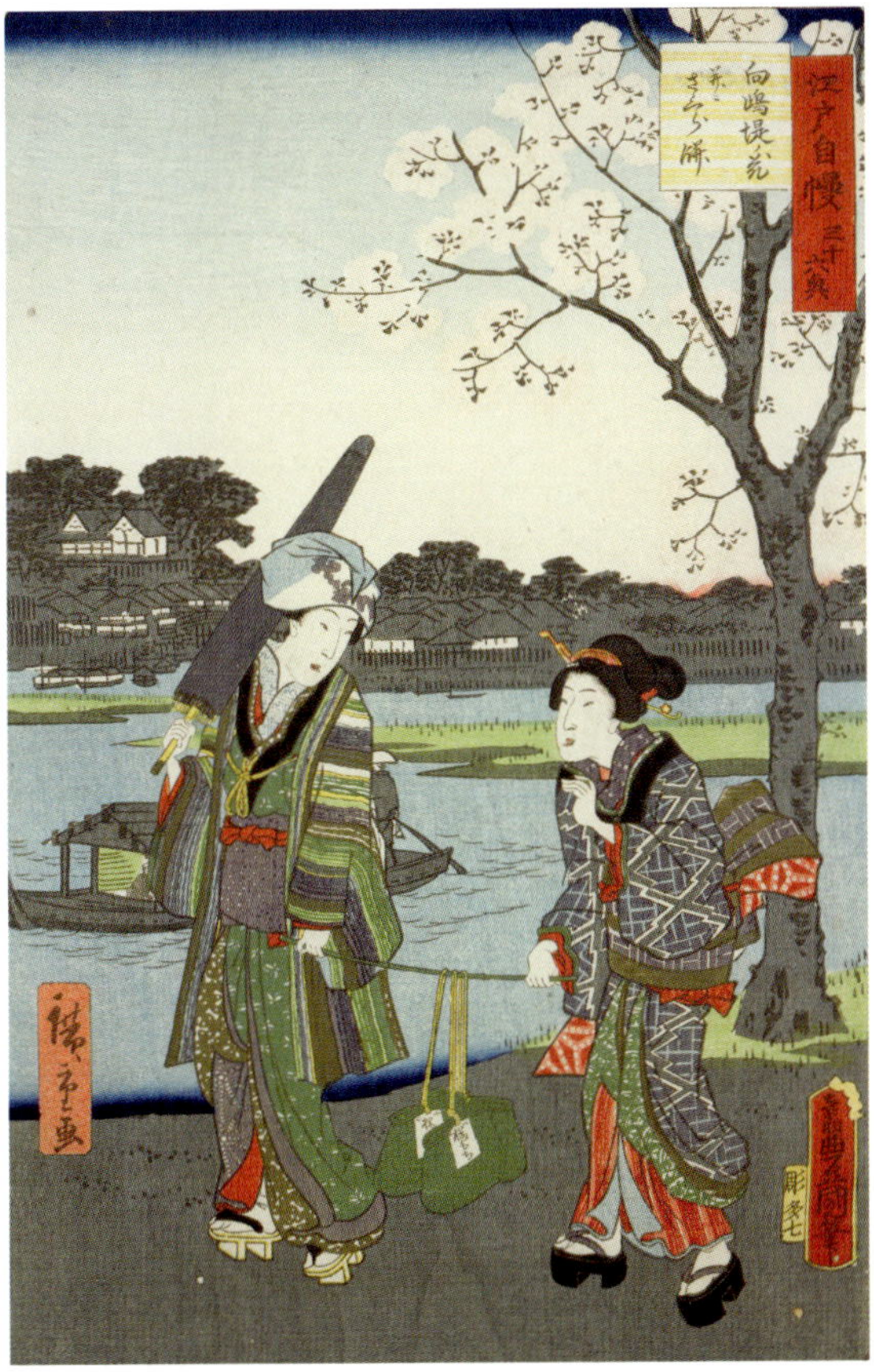

隅田川の両岸は今もたくさんの花見客で賑わうが、当時も変わらない様子が江戸の浮世絵でわかる。長命寺門前の桜餅は江戸中に知られ、花見のお供にも大人気だった。
「書画交毫五拾三駅 東京自慢双筆三拾六興」（国立国会図書館所蔵）

店内には古地図や錦絵など、歴史を感じることが出来る資料が展示されている。写真の錦絵ののぼり旗には「隅田川名物」「桜餅」「長命寺門前」の文字が。

生み出しました。
こしあんをクレープのように焼いた薄い餅で巻き、桜葉の塩漬けで挟んだ桜餅は、花見客だけでなく、お土産にも喜ばれ、江戸の人々の間に瞬く間に浸透していきました。
文政8（1825）年に出された書物によると、『山本や』で1年間に使われた桜の葉は31樽という記録が残っています。当時、醤油樽で桜の葉を塩漬けにしており、計算してみると桜の葉の数は約77万5千枚にもなるそうです。一つの桜餅に2枚の桜の葉を使うとして、1年間で約38万5千個もの桜餅が江戸の人々の口に入ったことになります。

シンプルを極めて300年

『山本や』の餅は、小麦粉と水のみで作る生地を薄く焼いたもの。中のこしあんも北海道産の小豆と水、砂糖のみで炊きあげます。餅であんを包んだら、伊豆松崎町産の塩漬けの大島桜の葉2～3枚で挟みます。
店内では、大きな葉で覆われた桜餅が杉の木箱に収められ、お茶と一緒に供されます。葉をめくると真っ白な餅。葉の塩味と香りがほんのりと移った餅、餅に調和したこしあんの上品な甘み。これほどシンプルでありながら完成された味わいは、「店内で召し上がっていただくのがいちばん」と女将の山本祐子さん。老舗の味を噛みしめて外に出れば、「桜もち」の暖簾の背景にそびえる東京スカイツリー。江戸から現代へ時代を超えたかのような錯覚に陥ります。

取材協力

長命寺 桜もち 山本や

東京都墨田区向島5-1-14
03-3622-3266

隅田川近くに店舗を構える。同店の桜餅は長きに渡り庶民に親しまれ、名だたる文豪や名士にも愛されてきた。

桜花 あんぱん

『木村屋』の「酒種あんぱん」。あんぱんに桜花の塩漬けが絶妙にマッチし、ロングセラーに。自然酵母の酒種で発酵させるため、イースト発酵よりも時間がかかるが、現在も伝統の製法で、種の仕込みから焼き上がりまで11日をかけて作る。

取材協力
銀座木村屋總本店
❖東京都中央区銀座4-5-7
❖03-3561-0091

あんぱんと聞いて、誰もが真っ先にイメージするのは、中心に桜花の塩漬けが押し込まれた『木村屋』の「桜あんぱん」ではないでしょうか。酒種酵母菌を使って焼き上げるパンのほのかな酒の甘い香り、しっとりとしたパン生地の食感、上品な甘さのこしあん。そして、この甘さを引き立てる桜花の塩漬けの桜の香りと塩味。これらが絶妙に溶け合った「桜あんぱん」はパンといってもどこか和菓子のような趣きです。

酒種あんぱんの誕生

『木村屋』の「酒種あんぱん」が誕生したのは明治7（1874）年のこと。以来、140年以上にわたって、人々に愛され続けていることになります。

『木村屋』の初代・木村安兵衛がパン店を開業したのは、明治維新のさなか、明治2（1969）年のことです。西洋文明が急速に日本に入り、文明開化の波がやってきました。パン食もまたその一つでした。

初代安兵衛は西洋の食べ物であるパンを日本人の口に合うようにと、熱心に研究に取り組みました。日本にはまだイーストはなく、小麦粉とジャガイモにホップの煮汁を混ぜる方法で発酵させ、生地を作っていました。

もっと日本人の口に合うふんわりとしたパンが作れないかと注目したのが、「酒まんじゅう」です。発酵種に日本古来の酒種を使った「酒まんじゅう」をヒントに、酒種をパンに応用したのです。

酒種は日本酒を醸造するときに使われてきた自然酵母の一種で、この酒種酵母菌を使って生地を発酵させているため、ほのかな酒の香りがあるのです。さらに、酒まんじゅうと

明治2年、初代・木村安兵衛が東京・芝日陰町にパン店を開業。山岡鉄舟の手による「木村家」の看板は、現在も銀座本店に掲げられている。（写真右上が初代木村安兵衛、右下が山岡鉄舟）

明治18年、木村屋は宣伝のため、楽隊率いる「広目屋」(後のチンドン屋)を第一号で採用。その様子は明治20年の歌舞伎の正月興行にも取り上げられ、錦絵も売り出された。

同じように、こしあんを組み合わせてパンで包んでみたところ、モダンでありながら日本人になじみやすいパンができあがったということです。

明治7(1874)年は、東京府がイギリス人技師トーマス・ウォートレスに依頼して建設した銀座瓦斯街が完成した年であり、これを機に『木村屋』は東京・芝日蔭町から銀座4丁目に移転。その新天地で誕生したのが「酒種あんぱん」であり、あんぱんは〝銀座生まれ〟というわけです。

桜あんぱんの献上

木村屋のあんぱんといえば、先にも書いた通り、「桜あんぱん」でしょう。この桜あんぱんが生まれたいきさつには、明治天皇が深く関わっています。

明治8(1875)年4月4日、天皇皇后両陛下が東京向島の水戸藩下屋敷にお花見にお出かけになられる際、お茶菓子としてあんぱんをお出しすることになりました。

その橋渡しをしたのが、当時、明治天皇の侍従であった山岡鉄舟です。鉄舟と『木村屋』の初代安兵衛は剣術を通じて知り合いだったようで、鉄舟は初代安兵衛と二代目英三郎のあんぱん作りに感銘を受け、「いつか陛下にも召し上がっていただこう」という思いから、献上の機会を世話したのです。

木村親子はその思いに応え、前年に完成した「酒種あんぱん」に改良を加え、より季節感を表現するため、当時高級品でもあった八重桜の塩漬けを、奈良の吉野山から取り寄せました。そして、あんぱんの中心に埋め込んでみたところ、これが見事に調和し、「桜あんぱん」が完成したのです。

完成した桜あんぱんを両陛下に召し上がっていただいたところ、ことのほか気に入られ、「引き続き納めるように」と宮内庁御用菓子商に加えられました。

それまで『木村屋』のあんぱんは、けしの実と白ごまをトッピングした2種類のみでしたが、ここに「桜」も加わりました。桜花の塩漬けがぎゅっと中心にへそ押しされた、愛らしい姿も相まって、現在も同店の名物となっています。

また、山岡鉄舟はこのことに感激し、自ら「木村家」の看板を揮毫《きごう》し、木村親子に贈りました。その看板は今も銀座木村屋總本店の本店に掲げられています。銀座木村屋の本店を訪れた際には、その歴史の一端も垣間見ることができます。

菓子パン文化の発展

『木村屋』のあんぱんが天皇皇后両陛下に献上されたことで、庶民の間にも日本独自の菓子パン文化が定着していきます。明治初期の流行語に「文明開化の七つ道具」というものがありましたが、その中でも「新聞社」「郵便」「瓦斯灯」「蒸気船」「写真絵」「展覧会」「軽気球」「岡蒸気」と並んで、「あんぱん」も挙げられています。

鹿鳴館時代の明治18（1885）年には、銀座に「広目屋」という後のチンドン屋が出現します。楽隊を率いて宣伝する広目屋を木村屋はいち早く採用し、『木村屋』の名はいっそう世間に周知されました。

その様子は明治20（1887）年、歌舞伎の中嶋座正月興行にも取り上げられました。当時、人気絶頂の市川猿之助、中村時蔵、中村寿三郎らの演技によって人気を集めたようです。さらに、そのフィナーレの場面は錦絵で再現されて売り出され、大評判となっています。文明開化の名のもと、「木村屋のあんぱん」もまた、菓子パン文化の興隆に大きく貢献しました。

あんぱんの日

「あんぱんの日」という記念日があるのをご存知でしょうか？「あんぱんの日」は4月4日。明治8年のこの日、明治天皇皇后両陛下が東京向島の水戸藩下屋敷にお花見に出向く際、『木村屋』が初めて「桜あんぱん」をお茶菓子として献上しました。この名誉を記念して、日本記念日協会に2001年に認定されています。折しも東京では桜が咲き誇り、お花見シーズン真っ盛りの日。桜あんぱんを片手に、華やかな鹿鳴館時代に思いをはせるのも、またよいのではないでしょうか。

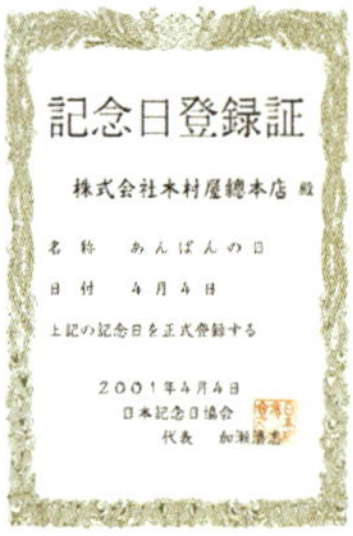
記念日登録証

株式会社木村屋總本店 殿

名称　あんぱんの日

日付　4月4日

上記の記念日を正式登録する

2001年4月4日
日本記念日協会
代表　加瀬清志

桜湯

桜花

桜湯は、お見合いや結納、結婚式など、人生の節目にあたる慶事の席のもてなしに用いられてきました。なぜ、お祝いの席に桜湯が出されるようになったのかはよくわかっていませんが、「江戸後期の風俗が書かれた『嬉遊笑覧』（喜多村信節、1830年）に「桜湯」が登場し、「近ごろはじまった」という記述があります。明治初期の東京の夜店の中には、床几に赤い毛氈を敷いた桜湯のお店があったそうです。

いずれにしても、めでたい席にお茶の代わりに用いられるのは、その場だけを取り繕う〝茶を濁す〟ことを嫌ったことと、お湯の中に花開く八重桜の華やぎこそふさわしいと考えられたからではないでしょうか。

日本全国 桜のスイーツめぐり

春――。桜が咲く季節になると
菓子店のショーケースも桜のスイーツで華やぎます。
また、保存が利く桜花漬、桜葉漬の特性を生かし、
年中楽しめる桜スイーツもあります。
ここでは、全国各地の桜のスイーツを
桜前線に合わせて南から北へ、順にご紹介します。
その後に続く、「桜の食めぐり」「桜のお酒めぐり」も
一緒にお楽しみください。

さくら破れ饅頭

同店名物「破れ饅頭」の春限定品。山芋と米粉の生地に桜の花びらを加え、ほんのり淡い桜色に。丹念に渋切りをした粒あんを包んで蒸し、ふっくらやわらかい食感が魅力。

[価格]1箱・600円(税込) [販売]3月(平成27年春の新商品)

❖株式会社 虎屋

さくらさくら

しっとりとした求肥で、白あんに刻んだ桜の葉を入れた紅桜あんを巻き、桜花漬をトッピング。春限定で販売していたが、好評により販売期間を広げて販売している。

[価格]1個・120円(税込) [販売]1月〜5月中旬(ネット販売は通年)

❖軽羹元祖 明石屋

花吹雪

白あんに桜葉を練り込んだ桜あんを、もちっとした食感のお餅で包み、花びらに見立てた氷餅をまぶした。桜の香りもいっぱいの見た目にも上品で艶やかな和菓子。

[価格]6個入・648円(税込) [販売]4月1日限定

❖お菓子の香梅 白山本店

桜のボンディア

大分銘菓「ボンディア」(パイまんじゅう)の季節商品として開発。パイに包まれた桜の塩漬けを刻み入れた桜あんの香りが春を感じさせる。

[価格]150円(税込) [販売]3月初旬〜4月初旬

❖株式会社 菊家

[鹿児島県]

軽羹元祖 明石屋

安政元年、島津斉彬公が江戸から招いた菓子職人・八島六兵衛によって創業。自然薯とお米から作る「軽羹」が有名。

❖鹿児島市金生町4-16

❖099-226-0431

[宮崎県]

株式会社 虎屋

昭和24年創業の和洋併売店。代表銘菓の「破れ饅頭」をはじめ、小豆の旨みを生かす菓子作りに日々取り組んでいる。

❖延岡市幸町1-20

❖0982-32-5500

[大分県]

株式会社 菊家

大分県内に40店舗を有し、長年培った技術で洋菓子、和菓子、大分銘菓など幅広い商品を展開し、今年で創業60年を迎える。

❖由布市挾間町赤野向ノ山740

❖097-583-3200

[熊本県]

お菓子の香梅 白山本店

昭和24年創業。熊本銘菓「誉の陣太鼓」「武者がえし」をはじめ、風味豊

小城櫻《おぎざくら》

創業100周年の記念商品。練り上げられた羊羹を木箱に流し込んで仕上げた1箱1500gの箱羊羹。丹波産白小豆のかのこ豆で、桜の名所「小城公園」の桜吹雪をイメージ。

[価格]1箱・21600円(税込)　[販売]別製注文品

❖村岡総本舗

おぎおんさん

桜の花びらの形をした容器に入った愛らしい羊羹は、桜の名所百選「小城公園」の桜をイメージしている。ハート型にも見えることから、バレンタインデーなどにも好評。

[価格]5個入・648円、10個入・1188円(税込)　[販売]1月～7月

❖村岡総本舗

桜だより ～桜のダックワーズ～

表面はサクサク、中はふわっと軽い食感に焼き上げたアーモンド風味の生地に、桜あん&桜のクリームをサンド。表面には、1つ1つ丁寧に桜の焼き印をほどこしている。

[価格] 108円(税込)　[販売]3月～4月

❖浜幸　はりまや本店

さくら餡入り鶴乃子

ふくよかなマシュマロ生地の中に風味のよい黄味あんを包んだ「鶴乃子」を、桜葉入りの桜あんとほんのり桜色のやわらかな生地で仕立てた春の「鶴乃子」。

[価格]6個入・650円(税抜)　[販売]2月～5月中旬(予定)

❖石村萬盛堂

かな和洋菓子を熊本県内28店舗の直営店にて販売。

❖熊本市中央区白山1-6-31
❖096-371-5081

[佐賀県]
村岡総本舗

明治32年に創業した「小城羊羹」の命名店。格調高い贈答品からおやつ菓子まで羊羹和菓子を製造販売。羊羹資料館が本店に隣接。

❖小城市小城町861
❖0952-72-2131

[福岡県]
石村萬盛堂

平成27年で創業110年を迎えた、老舗菓子店。博多銘菓「鶴乃子」をはじめ、博多の文化に根づいたお菓子を作っている。

❖福岡市博多区須崎町2-1
❖092-291-1592

[高知県]
浜幸　はりまや本店

昭和24年創業、高知の観光名所「はりまや橋」のたもとに本店を構える和洋菓子店。土佐銘菓の「かんざし」が有名。

❖高知市はりまや町1-1-1
❖088-875-8151

ベビー母恵夢《ぼえむ》 春のさくら

北国のフレッシュバターと卵黄を加えた優しい口どけの「母恵夢《ぼえむ》」のあんに桜花ペーストを練り込み、ひと回り小さく、四角い形に仕立てた桜風味のベビー母恵夢《ぼえむ》。

[価格]10個入・900円(税抜)　[販売]3月中旬～4月上旬

❖株式会社　母恵夢

ひと切れ一六タルト桜 3個入

スポンジ生地は桜のソースで桜色に、小豆あんには伊豆産の大島桜の葉を刻み入れ、ほのかに桜が香る。あんに入った少量の柚子がアクセント。春爛漫を思わせる包装も好評。

[価格]450円(税抜)　[販売]平成28年2月16日～平成28年4月15日

❖一六本舗　勝山本店

マンマローザ さくら

徳島銘菓「マンマローザ」のしっとりやわらかな食感のミルクあんに、桜花&桜葉のペーストをプラス。桜本来の味わいと色合いで、しっかりした桜風味を堪能できる。

[価格]130円(税抜)　[販売]2月初旬～4月初旬

❖イルローザ　南沖洲工房店

桜かまど 6個入

季節のかまどシリーズの春商品。手亡豆の黄味あんに、刻んだ桜花の塩漬けと桜葉パウダーを練り込んだピンク色のあんと、程よい塩味、ほのかな桜の香りが特徴。

[価格]720円(税込)　[販売]3月中旬頃～4月初旬頃

❖名物かまど　総本店

[愛媛県]
一六本舗　勝山本店
四国銘菓「一六タルト」で有名な一六本舗が、平成7年7月に改装オープンした数寄屋造りの純和風の店舗。大型駐車場も完備する。
❖松山市勝山町2-8-1
❖089-941-0016

[愛媛県]
株式会社　母恵夢
瀬戸内銘菓「母恵夢《ぼえむ》」をはじめとした乳菓を主力商品に、愛媛・広島・岡山を中心に展開、販売を行う。
❖東温市則之内甲2585-1
❖089-955-8870

[香川県]
名物かまど　総本店
塩業で栄えた香川・坂出の塩を炊くかまどをかたどった讃岐銘菓「名物かまど」を看板商品に、洋菓子も販売する。
❖坂出市江尻町1247
❖0877-46-6600

[徳島県]
イルローザ　南沖洲工房店
徳島県を中心に香川県、淡路島で23店舗を運営する洋菓子専門店。地元素材を活用した地域に貢献

さくらふくさ

刻んだ桜葉を入れた桜風味の生地をしっとりやわらかく焼き上げ、桜あんをふくさ包みに。ほんのりピンク色の生地と桜色のあんが、見た目にも華やか。

[価格]1個・150円(税抜) [販売]2月下旬〜4月中旬

❖御菓子所 平安堂梅坪

さくらしぐれ

ほんのりピンク色の生地で黄味あんをしっとり包んだ、桜の季節を感じられる一品。桜の香りがやさしい、ほろほろとした口どけが特徴。お祝いのプチギフトとしても人気。

[価格]1個・160円(税抜) [販売]2月下旬〜4月中旬

❖御菓子所 平安堂梅坪

桜ふくさ

岡山で昔から親しまれている焼き菓子に、桜風味と羽二重餅をプラス。炊きたての自家製粒あんは北海道産小豆を使い、風味豊かな味わい。桜が香る生地でふくさ包みに。

[価格]120円(税抜) [販売]3月下旬〜4月上旬

❖岡山夢菓匠敷島堂 邑久総本店

さくら便り

桜葉を使用した桜あんを柔らかいお餅で包み、桜の花をあしらった香ばしい麩焼き煎餅ではさんだ。見た目にも華やかな春の訪れを感じさせる人気商品。

[価格]180円(税抜) [販売]3月初旬〜4月中旬

❖岡山夢菓匠敷島堂 邑久総本店

る商品開発に力を注いでいる。

❖徳島市南沖洲5-6-20

❖088-664-1900

[広島県]

御菓子所 平安堂梅坪

大正7年『平安堂』の屋号で、広島名産「柿羊羹」の製造本舗として創業。昭和30年に『梅坪』の屋号で和菓子の製造直販を開始。

❖広島市西区商工センター7-1-19

❖0120-053917

[岡山県]

岡山夢菓匠敷島堂 邑久総本店

大正ロマンの詩人画家・竹久夢二生誕の地・岡山県邑久町で創業68年。小豆を豆から製あんする技術を持つ希少な和菓子屋のひとつ。

❖瀬戸内市邑久町尾張1153-1

❖0869-22-0059

高砂きんつば 櫻

桜葉を練り込んだきんつばあんを、ほんのり桜色の生地で包み焼きにし、桜花漬をあしらっている。桜の季節の手土産品として好評で、4個入り、6個入りが特に売れ筋。

[価格]1個・180円(税抜)　[販売]2月中旬～4月中旬

❖株式会社　本高砂屋

桜だより

刻んだ桜の葉を白あんに練り込み、しっとりとした口あたりの外郎《ういろう》でやさしく包み、桜の花の塩漬けを添えた。桜の咲く時期には製造が追いつかないほどの人気。

[価格]200円(税抜)　[販売]2月中旬～4月中旬頃

❖菓子老舗　桂月堂

神戸ぶっせ さくら

発酵バターを生地に使用し、ふんわりと焼き上げたブッセ生地に、桜風味のクリームをたっぷりとサンド。ブッセのやわらかな食感と桜の風味が混ざり合う桜スイーツ。

[価格]120円(税抜)　[販売]2月中旬～4月中旬

❖神戸凮月堂

プティーゴーフル桜

サクサクと香ばしいゴーフルのおいしさはそのままに、食べやすい小さいサイズに焼き上げ、桜風味のクリームをサンド。外国人観光客にも人気のある商品。

[価格]500円(税抜)　[販売]2月中旬～4月中旬

❖神戸凮月堂

［島根県］
菓子老舗　桂月堂
文化6年、七代藩主・松平不昧公のお膝元・松江で創業。茶の湯の文化とともに受け継がれた手技を守り続けている。
❖松江市天神町97
❖0852-21-2622

［兵庫県］
株式会社　本高砂屋
明治10年、神戸・元町で瓦せんべいの製造販売で創業し、その20年後に「高砂きんつば」の実演販売を開始。現在は洋菓子も扱う。
❖神戸市東灘区向洋町西5-1
❖078-331-7367

［兵庫県］
神戸凮月堂
明治30年の創業以来、和洋菓子の製造販売を行う。昭和2年発売の代表商品「ゴーフル」は神戸を代表する銘菓として知られる。
❖神戸市中央区元町通3-3-10
❖078-321-5555

［兵庫県］
株式会社　ユーハイム
大正8年創業の老舗洋菓子店。日本人が初めて食べたバウムクーヘンは同店創業者のカール・ユーハイムによってつくられたもの。

さくらロール

抹茶のスポンジで、桜風味のゼリーと北海道産小豆の粒あん、生クリームを巻き、桜あんクリームでデコレーション。和と洋のおいしさが楽しめる華やかなロールケーキ。

［価格］1728円（税込）　［販売］平成27年3月〜4月中旬（平成28年以降の販売は未定）　❖アンテノール

桜の葉クーヘン

定番商品「クライナークーヘン」の季節限定品。国産・無添加の桜花ペーストと桜の葉を生地に混ぜ込み、香り付けにはチェリーの洋酒を使用した、春を感じられる一品。

［価格］120円（税抜）　［販売］2月上旬〜 4月上旬

❖株式会社　ユーハイム

さくらのティラミス

桜の香りのシロップをしみこませたスポンジと、北海道産マスカルポーネチーズを交互に重ねたティラミス。花びらに見立てたピンク色のチョコレートがかわいらしい。

［価格］1500円（税抜）　［販売］平成27年3月中旬〜4月中旬（平成28年以降の販売は未定）　❖シーキューブ

アルカディア（さくら）

ほんのりとしたピンク色が美しい、春が香るクッキー。モロゾフを代表するナッツの生地をベースにした「アルカディア」に、桜葉で風味づけをしている。幅広い年代に人気。

［価格］324円（税込）　［販売］2月中旬〜4月頃

❖モロゾフ

❖神戸市中央区港島中町6-2-9
❖0120-860-816（お客様係）

［兵庫県］
アンテノール
昭和53年創業の神戸生まれの洋菓子店。クリームサンドダックワーズ「アンテワーズ」は、創業時からのロングセラー商品。
❖尼崎市尾浜町1-3-22
❖0120-004280（お客様相談室）

［兵庫県］
モロゾフ
「こころつなぐ。笑顔かがやく。」という言葉に思いを託し、昭和6年に神戸トアロードのチョコレートショップから創業。
❖神戸市東灘区向洋町西5-3
❖078-822-5533（お客様サービスセンター）

［兵庫県］
シーキューブ
昭和62年に誕生した『C3（シーキューブ）』は、『アンリ・シャルパンティエ』を展開する㈱シュゼットの洋菓子ブランド。
❖関東・関西・東海・九州地区／オンラインショップにて展開
❖0120-917-225

こころ苺と桜のミルフィーユ

「雛祭り」をテーマに地域イベント商品として開発。香川・三木町の契約農家で収穫された「こころ苺」を桜風味のカスタードクリーム、生クリームとともにパイ生地でサンド。

［価格］594円(税込)　［販売］平成27年2月27日～3月4日

❖五感　北浜本館

桜絵柄入カステーラ（木箱入）

桜葉を生地に練り込んで焼き上げ、かわいい桜の絵柄を職人がひとつひとつ丁寧に刷り込んだ。味や見た目にも春を感じる、もらって嬉しい木箱入りのカステラ。

［価格］800円(税抜)　［販売］2月下旬～4月上旬

❖長﨑堂

京ごころん 桜

スペインの伝統菓子「ポルボローネ」に和の素材を組み合わせた新しいクッキー。くちどけの良い食感と桜の風味、かわいらしい色合いから、女性ファンが多い。

［価格］594円(税込)　［販売］4月中

❖洋菓子ぎをんさかい

聖花冠 さくら

カステラ屋ならではの、冷たいカステラ菓子として開発した「聖花冠」を春向けにアレンジ。器に見立てたカステラに、桜の風味豊かなクリームを流し込んだ、創作性溢れる一品。

［価格］280円(税抜)　［販売］2月下旬～4月上旬

❖然花抄院

［大阪府］
長﨑堂
大正8年創業以来、「母親が子どもに食べさせる気持ち」を大切に、先人たちによって築かれた歴史と伝統、熟練の技術を継承する。
❖大阪市中央区心斎橋筋2-1-29
❖06-6211-0551

［大阪府］
五感 北浜本館
大阪のビジネス街・北浜から"日本の洋菓子"を発信する。使用する素材は主に国産品を使用し、お米や黒豆を使ったお菓子が有名。
❖大阪市中央区今橋2-1-1 新井ビル
❖06-4706-5160

［京都府］
然花抄院
物販、茶寮、ギャラリー、工房を備えた本店。江戸時代中期・元禄13年に建てられた大きな京町家を改装した店舗で趣がある。
❖京都市中京区室町通二条下ル 蛸薬師町271-1
❖075-241-3300

［京都府］
洋菓子ぎをんさかい
古来より各地の様々な素材が集まる京都。華やかで色褪せない街、祇園。その祇園から「粋」をテーマにした洋菓子を展開。
❖京都市東山区祇園町570-122
❖075-531-8878

[京都府]

聖護院八ッ橋総本店

元禄2年、『玄鶴堂』の屋号で創業。京都銘菓を代表する「聖護院八ッ橋」とあん入り生八ッ橋「聖」を主力に、現在京都市内を中心に多店舗展開する。

❖京都市左京区聖護院山王町6番地
❖075・761・5151

聖 旬菓さくら

看板商品の生八ッ橋「聖」の春向けの一品。定番のニッキ味の生地で桜あんを包んだ。春の一番人気の商品。

[価格]10個入・500円(税抜)　[販売]2月中旬頃～4月下旬頃

聖 櫻花

生八ッ橋のあんと生地それぞれに、刻んだ桜葉を練り込み、口の中いっぱいに桜が香る。毎春1ヶ月間開催される「都をどり」の時期に限定で販売し、特別に用意するパッケージも好評。

[価格]9個入・500円(税抜)

[販売]3月～4月下旬頃

霜の橋(さくら)

橋に霜が降りた様子を表現した、趣のある干菓子。胡麻、コーヒーなど多彩な味で展開する中の、春の一品として、刻んだ桜葉を糖衣に加え、衣がけしている。

[価格]100g入・400円(税抜)　[販売]3月～4月下旬頃

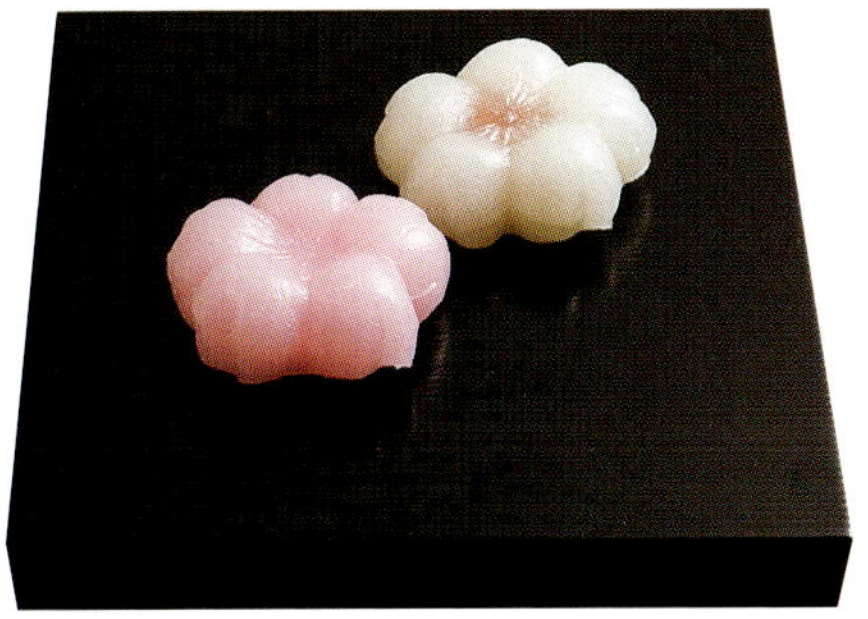

花つくし・さくら

桜を象ったお団子2種。右上はニッキ味の生地で桜あんを包んだもの。左下は、同じ生地を紅糀で色づけしており、団子自体の味わいを感じてもらえるよう、あんは入れない。

[価格]6個入・600円(税抜)　[販売]3月～4月下旬頃

新ブランド『nikiniki』が話題

八ッ橋をより気軽に楽しんでほしいとプロデュース。明るくておしゃれな店構えや新感覚の商品構成で話題を呼んでいる。色鮮やかな生八ッ橋と多彩なあんやコンフィを自由に組み合わせられる「カレ・ド・カネール」が看板商品。春には桜味を用意。

花すだれ

道明寺桜餅を、日持ちよく気軽に食べられるようにと開発。桜葉入りの道明寺羹で、あっさりとした小豆こしあんを茶巾包みに。コロンとした見た目がかわいらしい。

［価格］1個・150円（税抜）　［販売］2月上旬〜4月中旬

❖京菓子處　鼓月

桜まんじゅう 花嵐山《はならんざん》

桜風味の生地に桜葉入の黄味あんを包んだ、花びらの形をした愛らしい焼菓子。さっくり軽やかな生地としっとりほろほろしたあんで、新感覚の優しい食感が魅力。

［価格］1個・150円（税抜）　［販売］3月7日〜4月中旬

❖京菓子處　鼓月

あも（桜）

旬の素材を使って展開する「あも」の春限定商品。静岡県産大島桜の塩漬けの葉をやわらかな求肥に練り込み、こだわりの粒あんで包み込んだ、春の香り漂う棹菓子。

［価格］1100円（税抜）　［販売］3月初旬〜5月下旬

❖叶　匠壽庵

花呼福〈桜〉

桜風味の寒天生地に蜜漬けした桜の花が一輪。桜の花は糖蜜につけることで、生地との一体感を工夫。春に「寿長生《すない》の郷《さと》」で盛大に咲き誇る桜の情景を表現している。

［価格］200円（税抜）　［販売］平成27年2月上旬〜4月中旬頃（平成28年以降の販売は未定）　❖叶　匠壽庵

［京都府］

京菓子處　鼓月

昭和20年京都で創業。和菓子にはなかった素材と製法を用いて開発した「千寿せんべい」は、50余年に渡るロングセラー商品。

❖京都市伏見区横大路下三栖東ノ口11-1（本社）

❖0120-122-262

［滋賀県］

叶　匠壽庵

昭和33年の創業。本社は、滋賀県の南端に6万3千坪を有する、お菓子づくりの郷「寿長生《すない》の郷《さと》」にある。

❖大津市大石龍門4-2-1

❖077-546-3477（代表）

さくら餅

薄紅色に染めた白小豆あんを道明寺餅で包んだ関西風桜餅。塩漬けの桜葉（主に大島桜）で巻き上げ、八重桜の花を添えている。「草もち」とセットで販売し、人気の商品。

［価格］216円（税込）［販売］2月15日～4月上旬頃

❖たねや日牟禮乃舎《ひむれのや》

たねや饅頭 さくら

みずみずしいこしあんをふっくらとした生地で包み、ほんのりと焼き目をつけ、さくらの花びらで季節感をプラス。定番商品の「たねや饅頭」にさくらを添えた季節限定商品。

［価格］141円（税込）［販売］2月15日～4月中旬頃

❖たねや日牟禮乃舎《ひむれのや》

稚児桜・お屋根桜

愛らしい形の桜餅2種を用意する。写真右はこしあんを桜色の道明寺餅で包んだもの。写真左は神宮御正殿の茅屋根に芽吹いた「お屋根桜」に見立て、あんを焼き皮で包んだ。

［価格］各220円（税込）［販売］3月中旬～4月上旬

❖伊勢おはらい町　五十鈴茶屋

桜わらび餅

千壽庵吉宗おなじみのわらび餅に細かく刻んだ桜の葉が練り込まれ、春の訪れを感じる桜餅風の味わい。ピンク色のパッケージでも目を引く、人気の季節商品。

［価格］540円（税込）

［販売］2月1日～4月末日

❖千壽庵吉宗　奈良総本店

［滋賀県］

たねや日牟禮乃舎《ひむれのや》

明治5年創業の『たねや』本店で、日牟禮八幡宮境内にある。古風な町屋づくりで、店内の工房で焼き上げる「つぶら餅」が名物。

❖近江八幡市宮内町
日牟禮ヴィレッジ

❖0748-33-4444

［奈良県］

千壽庵吉宗　奈良総本店

奈良・東大寺大仏殿の裏手に本店を構える。黄色いパッケージの「南都名菓　わらび餅」は、奈良のわらび餅としてファンが多い。

❖奈良市押上町39-1

❖0742-23-3003

［三重県］

伊勢おはらい町　五十鈴茶屋

伊勢の地を訪れる人々に伊勢の雰囲気を味わってもらいたいと、昭和60年に開店。抹茶と季節の和菓子でもてなしている。

❖伊勢市宇治中之切町30

❖0596-22-3012

ささらがた 桜

米粉とこしあんを混ぜ、蒸して仕上げるそぼろ状の村雨で、華やかに咲き乱れる桜を表現。桜風味のあんをサンドした美しい棹菓子で、小さいサイズのため手軽に食べられる。

［価格］1個・200円（税抜）　［販売］2月中旬～4月中旬

❖株式会社　両口屋是清

桜もち（ういろう製・道明寺製）

春を代表する和菓子・桜餅は、「道明寺製」のほかに、つるんとなめらかな食感が特徴の「ういろう製」を用意する。食べ比べができることも好評を得ている。

［価格］ういろう製・290円、道明寺製・300円（税抜）

［販売］2月中旬～4月中旬

❖株式会社　両口屋是清

春さくら

風味豊かな海老せんべいの春の詰合せ。看板商品「ゆかり」をはじめ、「甘海老」「さくら花」「さくら海老」「えんどう豆」の5種を春らしい桜の花のパッケージで販売して好評。

［価格］2160円（税込）　［販売］2月4日～4月初旬（なくなり次第終了）

❖坂角総本舗

はなあかり

しっとりした蒸し生地で、備中白小豆あんをサンド。生地とあんそれぞれに桜の風味と淡い桜色をつけ、春らしく。華やかな色合いが目を引き、贈答品としても人気。

［価格］140円（税込）　［販売］3月上旬～4月上旬

❖尾張名古屋　亀屋芳広

［愛知県］

株式会社　両口屋是清

寛永11年に名古屋本町にて創業以来、和菓子づくり一筋。現在では名古屋以外にも東京・大阪など全国各地へ展開。

❖名古屋市中区丸の内3-14-23

❖0120-052062

［愛知県］

尾張名古屋　亀屋芳広

尾張名古屋の歴史の町「あつた」にて郷土に関わる史跡銘菓をつくり約70年。市内外に17店舗を展開し、「不老柿」が代表銘菓。

❖名古屋市熱田区伝馬1-4-7

❖052-682-0025

［愛知県］

坂角総本舗

明治22年の創業より海老せんべいの製造販売を行い、現在は全国約150店舗で展開。看板商品「ゆかり」は、贈答品として人気。

❖東海市荒尾町甚造15-1

❖0120-758-106

プランタニエ

幅広い世代に食べてもらえるように考案した春のプティガトー。ほのかに桜が香るババロアにイチゴのムース、桜と相性のいいあんを合わせ、かわいらしく春を演出。

［価格］550円(税込)　［販売］3月下旬〜4月中旬

❖フォルテシモH《アッシュ》

SAKURA〜サクラ〜

全てのパーツに桜を使用し、桜を前面に押し出したケーキ。ダクワーズ生地にガナッシュとバタークリームをサンドし、桜の花びらをあしらって和のテイストをプラス。

［価格］450円(税込)　［販売］3月下旬〜4月中旬

❖フォルテシモH《アッシュ》

桜プリン

なめらかな口当たりの桜のプリンの上に、桜の花を散りばめた桜風味のゼリーをのせ、二層仕立てに。ショーケースの中でも春らしさを演出する、老若男女に人気の一品。

［価格］410円(税込)　［販売］3月下旬〜4月上旬

❖ル・スリジェダムール洋菓子店

桜吹雪

桜の花びらを模したそら豆に、桜葉塩漬け入りの糖衣をまとわせた春先限定の豆菓子。そら豆の淡泊な味わいを、桜葉の香りと塩気が引き立て、オリジナリティ溢れる一品に。

［価格］400円(税抜)　［販売］2月中旬〜4月上旬

❖豆匠　豆福

［愛知県］
フォルテシモH《アッシュ》

「より強く辻口スタイルを表現する」との想いを込めて展開する、パティシエ・辻口博啓氏の総合パティスリー。

❖名古屋市千種区高見2-1-16
❖052-761-7278

［愛知県］
豆匠　豆福

『豆福本店』は、全国でも稀な工房併設の豆菓子専門店。店内には国産大豆製品を中心に常時30種類以上の豆菓子を取り揃える。

❖名古屋市西区新道2-14-10
❖052-571-4057

［岐阜県］
ル・スリジェダムール　洋菓子店

東海地方におけるフランス菓子の草分けとして、1977年創業。洋菓子全般の自家生産販売にこだわり、岐阜を中心に7店舗を展開。

❖岐阜市北一色4-4-30
❖058-246-3377

はるごと 黒米さくら

花見酒をイメージした酒あんを、黒米、玄米で包んだおはぎ。古くから伝わる「桜が咲くと穀物のたねを蒔く」という習慣の文化から穀物と桜の関係性をヒントに開発。

[価格]216円(税込) [販売]1月20日〜4月20日

❖ 五穀屋

coneri chobi さくら

塩漬けにした桜の葉を生地に練り込んで、サクサクとした軽い食感に焼き上げ、やさしい甘さのてんさい糖をまぶした。桜と小豆のソースが隠し味のさくらのパイ。

[価格]600円(税抜) [販売]平成27年3月1日〜4月30日

❖ coneri

さくらかりんと

黒糖をじっくり煮詰めた蜜を煉り込んだ生地に桜あんを包み、油で揚げた、春だけの限定ぬれかりんとう。しっとりとした食感が意外性とともに人気。

[価格]1個・130円(税込) [販売]2月下旬〜4月上旬

❖ 株式会社 たこ満

桜ろーる

桜葉を入れた生地に桜あんとバタークリームをぬり、クランベリージャムと一緒に巻きあげた。桜の風味とクランベリーの酸味が合わさった桜のロールケーキ。

[価格]1本・900円(税込) [販売]2月下旬〜4月上旬

❖ 株式会社 たこ満

[静岡県]

coneri

うなぎパイで有名な『春華堂』の旗艦店『nicoe』内にある新業態。粉の味わいと生地を練る職人の「粉を練る」手技にこだわる。

❖浜松市浜北区染地台6-7-11 nicoe内

❖053-587-7889

[静岡県]

五穀屋

うなぎパイで有名な『春華堂』の旗艦店『nicoe』内にある新業態。五穀と発酵の出会いから生まれた和の知恵菓子を提案する。

❖浜松市浜北区染地台6-7-11 nicoe内

❖053-587-7778

[静岡県]

株式会社 たこ満

遠州銘菓のかすてらまんじゅう「たこ満」をはじめ、地域密着型店舗として遠州地方をテーマにしたお菓子作りを行う。

❖菊川市上平川565-1

❖0537-73-5289

桜上用饅頭

華やかな春をイメージし、もちもちした上用饅頭生地で桜あんを包み、桜の花びらと焼印でかわいらしく仕上げた春の定番商品。

[価格]200円(税抜)　[販売]1月中旬～4月上旬

❖株式会社　御素麺屋

桜きんつば

北海道産の手亡豆を使い、桜風味をほんのり加え、桜の花をのせて焼き上げた桜色のきんつば。程よい甘さと桜の香りが、多くのファンを獲得しているロングセラー商品。

[価格]150円(税込)　[販売]2月～4月

❖有限会社　又一庵

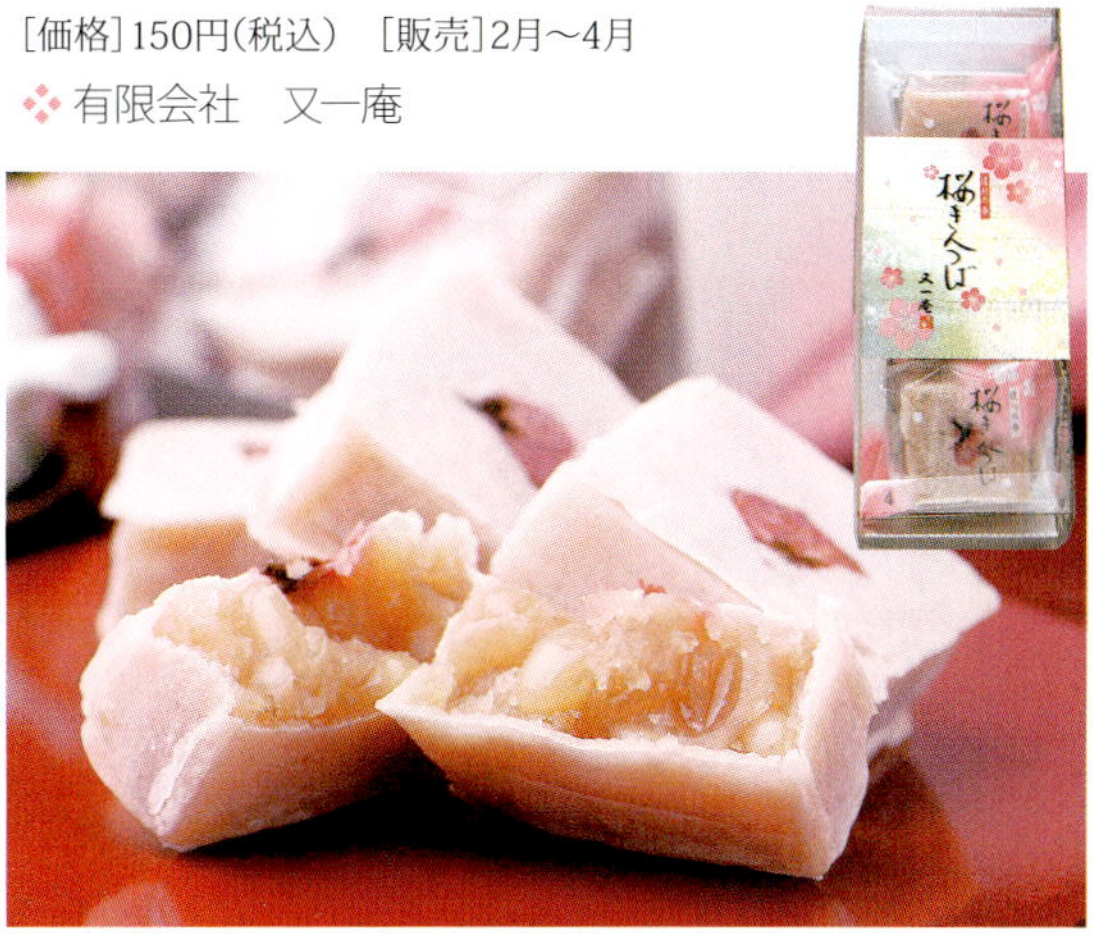

葛草子(桜)

和ならではの素材「葛」の食感を楽しませる葛餅風のなめらかな生地で、桜葉入りの黒こし餡を包んだ。やわらかな口どけのカップ入りの和菓子は、年配の方にもおすすめ。

[価格]1個・160円(税抜)　[販売]3月初旬～5月初旬

❖株式会社　浦田甘陽堂

桜花

満開の桜をイメージして開発。ふわりと桜香る桜葉粉末入りの最中の皮で、こしあんと求肥をはさんだ季節限定の最中。熟練の職人がひとつずつ手作業で詰めている。

[価格]160円(税抜)　[販売]2月初旬～4月中旬

❖株式会社　浦田甘陽堂

[静岡県]

有限会社　又一庵

創業明治4年の100年以上続く老舗。ひとつひとつ丹念に手焼きする「きんつば」を中心に、四季折々の和菓子を販売する。

❖磐田市見付1767-4

❖0538-33-1600

[福井県]

株式会社　御素麺屋

元禄12年創業の歴史ある菓子店。福井藩主・松平吉品公が、同店の献上した〝そうめん〟で全快したことから御素麺屋という屋号に。

❖福井市松本3-2-12

❖0776-23-3272

[石川県]

株式会社　浦田甘陽堂

「さらにおいしく、さらに喜んでいただけるお菓子づくり」を心がけ、地域密着で店舗展開を図るお菓子屋の『うら田』。

❖金沢市御影町21-14

❖076-243-1719

桜モンブラン

桜を前面に出した、春のモンブラン。桜葉入りのロールケーキにイチゴを1粒のせ、桜あんのペーストと桜花漬けを添えた1日100個限定の人気商品。

［価格］350円（税抜）［販売］3月下旬～4月下旬

❖お菓子の里　菜菓亭

富也萬「桜パイ」

新入学シーズン贈答品用にと、桜の季節限定で富山銘菓の「富也萬」を桜味に仕立てた。パイ皮で桜の風味豊かな桜あんを包み、さっくりと香ばしく焼き上げた。

［価格］145円（税込）［販売］2月下旬～4月中旬

❖株式会社　ボン・リブラン

さくらだんご

桜の名所にふさわしいお団子として開発。国内産の手亡豆と桜葉を使った香り豊かな桜あんをやわらかな団子にのせ、桜の花の塩漬けを飾った。

［価格］130円（税込）［販売］2月下旬～5月初旬

❖高遠まん頭　あかはね

くるくる桜

女性パティシエ考案の、桜づくしの1日10本限定販売のロールケーキ。産みたての卵を使った桜のロール生地に、桜のクリーム、求肥もち、桜あん、イチゴを巻いた。

［価格］1本・1190円（税抜）［販売］3月初旬～4月末

❖なとりさんちのたまごや工房

［富山県］

株式会社　ボン・リブラン

50年以上に渡り、富山銘菓「甘金丹」や「富也萬」などの和洋菓子、パンを地域密着で製造販売している。

❖富山市南央町3-43

❖076-429-7188

［新潟県］

お菓子の里　菜菓亭

19店舗を展開する和洋菓子店。蒸しカステラに小豆クリームをサンドした「河川蒸気」が主力商品。

❖新潟市北区嘉山字嘉山405-2

❖025-388-6960

［長野県］

なとりさんちのたまごや工房

創業70年の㈲名取鶏卵の直売店。産地直送の鶏卵はじめ、ハーブ卵を使ったシュークリームが人気。

❖諏訪市四賀2939-1

❖0266-53-1231

［長野県］

高遠まん頭　あかはね

桜の名所・長野県の高遠町で、数百年の伝統を誇る「高遠まん頭」の製造販売を行う老舗和菓子店。

❖伊那市高遠町西高遠1690

❖0265-94-2127

桜あんみつ

春限定のあんみつ。ほんのりピンク色の寒天を使用し、桜葉ミンチを練り込んだ香り豊かな桜あんと求肥をトッピング。

［価格］560円（税込）
［販売］平成27年3月～4月

茶房　桂《かつら》小《こ》場《ば》

「かんてんぱぱガーデン」内の喫茶ルーム。あんみつなど寒天を使ったデザートを用意。

レストラン　ひまわり亭

「かんてんぱぱガーデン」内のレストラン。自社農園の野菜を使った洋食メニューが楽しめる。

お花見パルフェ

桜のゼリー、杏仁豆腐、抹茶プリンを三層に重ね、見た目も華やかに仕立てた。食感にもこだわった春を感じるデザート。

［価格］500円（税込）
［販売］平成27年3月～4月

「かんてんぱぱガーデン」

寒天のトップメーカー・伊那食品工業㈱の本社・北丘工場周辺の自然を生かして開発した広大な庭園。敷地内にある4ヶ所の飲食店では季節ごとにスイーツフェアが開催され、各店のオリジナルスイーツが楽しめる。

❖長野県伊那市西春近広域農道沿い
❖0265-78-5107（桂小場）
❖0265-76-7177（ひまわり亭）

さくら団子

桜葉のミンチを団子餅に混ぜ込み、あんをのせて桜葉でくるっと巻いた串団子。お花見をしながら食べられるようにと、串団子のスタイルにした人気商品。

［価格］180円（税抜）　［販売］3月上旬～4月上旬

❖清月

※写真は通年販売のプレーンタイプ。さくらバージョンは、パッケージ、クリームともピンク色。

かまくらカスター　さくら

刻んだ桜の葉を入れたスポンジに、桜風味のクリームをたっぷりと詰めた。柔らかな桜の香りとほんのり塩味が特徴のお花見の時期のみ販売される「かまくらカスター」。

［価格］160円（税抜）　［販売］3月中旬～4月初旬

❖鎌倉ニュージャーマン

［山梨県］
清　月

モンドセレクション5年連続金賞の「イタリアンロール」を看板商品に、和・洋菓子の製造販売を行う。

❖南アルプス市桃園591
❖055-280-1222

［神奈川県］
鎌倉ニュージャーマン

昭和43年に鎌倉の地にて創業。「かまくらカスター」を看板商品に、洋菓子の製造販売を行う。

❖鎌倉市上町屋211
❖0467-48-6051

あんこ玉 桜

桜葉のミンチを練り込んだピンク色の桜風味のあんを寒天でくるんだ、桜のあんこ玉。あんをくるんだ寒天が、口の中でぷちっと弾けて、口いっぱいに桜の風味が広がる。

[価格]108円(税込)　[販売]3月下旬〜4月下旬

❖舟和

桜金鍔

きんつば本来の丸く平らな形と製法を守って作る"榮太樓の金鍔"。春の味として小豆あんに塩漬けの桜をほんのり利かせ、3月と4月だけの期間限定で発売する。

[価格]1個・216円(税抜)　[販売]3月1日〜4月30日

❖株式会社　榮太樓總本舗

一口草桜

お花見のお茶菓子や手土産利用を視野に、複数で分けやすい詰合せ商品を用意。桜道明寺と草餅を一口サイズにして詰め合わせた、かわいらしくてお得な一箱。

[価格]650円(税抜)

[販売]1月中旬〜4月末

(詳しい販売時期については要問合せ)

❖新宿中村屋

四季のしおり 桜まんじゅう

風味の良いあんを包み、桜の花の塩漬けを飾った春らしい薯蕷まんじゅう。白色のこしあんと桜色のつぶあんの2種類を揃える。色合いも華やかな春の人気商品。

[価格]120円(税抜)　[販売]3月初旬〜4月末

❖新宿中村屋

[東京都]

株式会社　榮太樓總本舗

安政4年創業。江戸の伝統を受け継ぐ一方で、常に、時代の嗜好に応える創意工夫と丹精を尽くした菓子作りを大切にする。

❖中央区日本橋1-2-5

❖03-3271-7785

[東京都]

舟　和

明治35年、現本店の地に、芋ようかん、あんこ玉、栗むしようかん、煉ようかんを販売する羊かん司『舟和』として開店。

❖台東区駒形1-9-5

❖03-3842-2781(本店)

[東京都]

新宿中村屋

明治34年にパン屋として創業。昭和2年発売の「月餅」や各種和洋菓子、パン、食品の製造・販売、レストランの経営を行う。

❖首都圏を中心に主要百貨店や駅ビルに多数の売店を構える

❖0120-370-293

(お客様サービスセンター)

桜花しぐれ

桜あん入りのしぐれ饅頭に、桜花をあしらった。鮮やかな色の桜花がしぐれにのっている様子がかわいらしく、目でも「春」や「桜」を楽しめる人気商品。

［価格］260円（税込）　［販売］2月初旬～4月中旬

❖宗家源吉兆庵　銀座本店

旬のおとし文 麗《うらら》

代表銘菓「おとし文」の季節限定商品として販売する、桜花漬と桜葉漬を使った、桜の香りのしぐれ菓子。かすかな塩加減が味を引きしめ、さっぱりとした味わい。

［価格］500円（税抜）　［販売］2月上旬～4月上旬

❖清月堂本店

桜どらやき

刻んだ桜葉入りの白あんと求肥を、もちもちの黒糖生地で包み、皮の表面に桜の焼印を入れた桜の季節限定どらやき。毎年春の定番商品として、人気の高い商品。

［価格］250円（税抜）　［販売］2月下旬～4月上旬

❖黒船

黒船最中 桜

船のカタチをしたサクサクの最中種と、手亡豆を使った桜葉入りのあんがセットになり、自分で詰めて食べるタイプ。白い最中種と桜色のあんの色合いも、春らしい一品。

［価格］250円（税抜）　［販売］2月下旬～4月上旬

❖黒船

［東京都］

清月堂本店

明治40年に東京・銀座で創業。代表銘菓は、ホロホロとした口どけと、しっとりした舌ざわりが人気の「おとし文」。

❖中央区銀座7-16-15

❖03-3541-5588

［東京都］

宗家源吉兆庵　銀座本店

四季折々の果実の姿・形・味わいをそのまま和菓子に仕立てた創作果実菓子を中心に用意する。銀座本店は銀座・中央通りにある。

❖中央区銀座7-8-9

❖03-3569-2360

［東京都］

黒船

東京・自由が丘に本店を構え、卵の香りとしっとりとした食感のカステラをはじめ、どらやき、量り売りのラスキュが人気。

❖目黒区自由が丘1-24-11

❖03-3725-0038

［東京都］

とらや　銀座店

『とらや』は和菓子屋として、室町時代後期に京都に創業し、後陽成天皇御在位中（1586〜1611年）より御所御用をつとめてきた。羊羹を主力商品に、伝統とこだわりの和菓子を製造販売する。

❖中央区銀座7-8-6

❖03-3571-3679

［東京都］

トラヤカフェ　六本木ヒルズ店

和菓子屋『とらや』がつくったカフェ。『とらや』のあんを使い、和と洋の垣根を越えた自由で新しいお菓子を提案をする。

❖港区六本木6-12-2 六本木ヒルズ
六本木けやき坂通り

❖03-5786-9811

季節の羊羹 桜の里（ハーフサイズ）

春の風情を感じさせる菓子・桜餅をイメージして仕立てた季節の羊羹。道明寺製の「桜餅」を思わせる、やわらかな食感と塩漬け桜葉の香りを楽しめる。見た目の色合いも春らしく、人気のある商品。

［価格］1800円（税抜）　［販売］3月上旬〜4月上旬

さくらのパフェ

桜餅を思わせるゼリーに、フルーツや焼菓子、豆乳アイスクリーム［小倉あん＆アマレット］など個性豊かな素材をバランスよく華やかに仕上げたパフェ。生クリームの上には、桜の花の塩漬けを飾り、春らしさを演出。

［価格］1100円（税抜）

［販売］3月上旬〜4月中旬

❖開発エピソード

「桜の里」は、〝意匠だけではなく、旬の素材を生かした味わいを楽しんでいただける羊羹〟をコンセプトにした春の羊羹で、平成13年に誕生。開発中は、羊羹に桜葉を混ぜ込むということに賛否両論があったものの、味を楽しんでもらうことを第一に考え、桜葉を入れることを決断したといいます。桜葉の刻みのサイズや味の濃さ、香りの強さなど、そのバランスを追求し、試作と試食を何度も繰り返して完成した逸品です。

カステラ 桜 0.5B号

桜の花を練り込んで、ふんわりと焼き上げた春限定の「カステラ」。日本の四季を表現したお菓子を味わってもらおうと開発し、季節商品の中で一番人気の商品。

［価格］1箱（5切れ）・750円（税抜）　［販売］2月21日～4月15日

❖文明堂　日本橋本店

カステラ巻き さくら

桜花ペーストを練り込んで焼き上げたさくら風味のカステラを、ほんのりハチミツ風味のしっとりしたどら焼き生地で巻き包んだ春限定の「カステラ巻き」。

［価格］1個・110円（税抜）　［販売］2月21日～4月15日

❖文明堂　日本橋本店

［東京都］

文明堂 日本橋本店

創立100年を超える老舗和菓子店。平成25年2月には、本店がリニューアル。ギャラリースペースを設けたカフェを併設した。

❖中央区日本橋室町1-13-7

❖03-3241-0002

［東京都］

虎屋菓寮 東京ミッドタウン店

和菓子にとどまらず、和の文化の価値を広く発信する役割を担う店として、平成19年にオープン。お汁粉やあんみつなどの甘味をはじめ、季節にあわせたメニューを用意する。

❖港区赤坂9-7-4 東京ミッドタウン ガレリア地下1F

❖03-5413-3541

桜あんみつ

“春といえば桜”という思いを、季節限定のあんみつで表現。器の中に桜が咲いているような見た目の美しさと、食べたときにほのかに感じられる桜の風味と程良い塩加減が特徴。

［価格］1200円（税抜）

［販売］3月中旬～4月中旬

［東京都］

ヨックモック

ヨックモックといえば、シガールを代表とするハイセンスな焼き菓子ギフトで有名。青山本店では、ギフト商品が並ぶショップにカフェが併設。オリジナルケーキやガレットのほか、夜のバールタイムではアルコールと軽い料理も楽しめる。

❖港区南青山5-3-3
❖03-5485-3330

さくらクッキー（缶入り）

淡い桜色の「桜花」、緑色の「桜葉」の２種類のクッキーを、華やかさの中にも落ち着きのある桜柄の缶に詰め合わせた。平成15年に発売以来、季節商品としては異例のロングセラーに。女流画家・山岸泉琳氏の絵画をモチーフにした、桜が咲いたかのようなパッケージが好評。

［価格］2160円（税込）　［販売］2月中旬～4月初旬

さくらクッキー　桜花

フレーク状の桜の花びらをキルシュで戻して練り込み、桜の風味と色で桜花を表現。すっきりとした甘さの氷砂糖をまぶしてアクセントに。

❖開発エピソード

日本人にとって思い入れの強い「桜」を商品化したいという企画者の思いから開発がスタート。当時、大手洋菓子メーカーでは桜を取り入れた商品はなく、食用桜のメーカーからアドバイスを受けながら、桜花と桜葉の塩漬けの香り、塩気を生かした２種類のクッキーを開発しました。それぞれ特徴を出すため、桜花クッキーは氷砂糖を砕いてまぶし、食感も工夫。氷砂糖を側面にまぶしても美しく成型できるよう、砂糖の粒度や生地の配合、温度、厚みを何度も調整するなど、繊細な技術の積み重ねにより、完成度を高めることに成功しています。

さくらクッキー　桜葉

塩漬けにした桜の葉のミンチを混ぜ、桜の香りとほんのり塩味を効かせたクッキー。封を開けると桜の香りが立ち上がる。

あんやき ～桜～

あんを主体に米粉などを配合し、しっとり焼き上げたあん焼き菓子。桜葉の塩漬けを使った桜あんの風味を生かしながら、あられ糖をあしらって食感も楽しく仕上げている。

［価格］194円（税込）　［販売］3月～5月上旬（予定）

❖ 船橋屋こよみ　広尾店

ナボナロングライフ 桜とチェリー

国産の大島桜の葉を入れたクリームにチェリージャムを合わせて、ほんのりとした塩気と甘酸っぱさが調和したクリームを、ふんわりとしたブッセ生地でサンド。

［価格］1個・90円（税抜）　［販売］平成27年1月～4月

❖ 亀屋万年堂　総本店

桜くず餅プリン

同店で一番人気の「くず餅プリン」の春限定バージョン。桜葉で風味づけしたくず餅プリンに、桜のジュレをのせ、春を感じる一品に。

［価格］411円（税込）

［販売］3月～4月

❖ 船橋屋こよみ　広尾店

さくらのおしるこ

同店の定番商品でもある自家製のおしるこに、香り豊かな桜あんを合わせた、春ならではの華やかなおしるこ。

［価格］540円（税込）　［販売］3月～4月

❖ 船橋屋こよみ　広尾店

［東京都］

亀屋万年堂　総本店

昭和13年の創業より地域密着で、現在東京都と神奈川県に約60店舗を展開。総本店には、カフェ『亀屋万年堂茶房』を併設する。

❖目黒区自由が丘1-15-12

❖0120-08-1312

［東京都］

船橋屋こよみ　広尾店

船橋屋が創業200年を記念して立ち上げた『船橋屋こよみ』。くず餅の原材料の小麦でん粉を使用した「くず餅プリン」が一番人気。

❖渋谷区広尾5-17-1

❖03-5449-2784

さくら モンブラン

桜ジュレ、練乳ババロア、スポンジを重ねたケーキに、イチゴをのせ、桜あんクリームで、春をイメージしたモンブラン仕立てに。春のお祝いのデザートとして人気が高い。

[価格]500円(税抜)　[販売]平成27年2月20日〜4月5日

❖株式会社　新宿高野

桜の花

北海道産の小豆を使用し、丹念に炊き上げたこだわりのこしあんを使用。桜もちをイメージして、春らしい桜の形に仕上げた季節限定のあんパン。

[価格]195円(税込)　[販売]平成27年3月1日〜4月12日

❖株式会社　木村屋總本店

さくらのケーキ

桜風味のスポンジに桜風味の生クリームをサンドした春のケーキ。もちもち食感の求肥や粒あん入り生クリームなど、和の素材が桜の風味とバランスよく調和する。

[価格]380円(税抜)　[販売]3月上旬〜4月上旬頃(季節商品のため、年によって仕様変更または取り扱いのない場合あり)

❖銀座コージーコーナー

さくらのミルクレープ

イチゴ風味のクレープとふっくらかのこ豆入り桜風味クリーム、抹茶スポンジを重ねた春らしい彩りのクレープケーキ。人気の「ミルクレープ」の季節限定テイスト。

[価格]380円(税抜)　[販売]3月上旬〜4月上旬頃(季節商品のため、年によって仕様変更または取り扱いのない場合あり)

❖銀座コージーコーナー

[東京都]

株式会社　木村屋總本店

明治2年創業。明治7年に日本人に合うパンをと、酒種あんぱんを発売。現在も伝統とこだわりを継承し、愛されるパンを作り続ける。

❖江東区有明1-6-18
❖03-5500-1600

[東京都]

株式会社　新宿高野

明治18年創業。フルーツの魅力を余すことなく"フルーツのある豊かな生活"を提案し続ける老舗フルーツ専門店。

❖新宿区新宿3-26-11
❖03-5368-5151
(新宿高野本店B2Fオリジナルフード&ギフトフロア)

[東京都]

銀座コージーコーナー

昭和23年に開業した老舗スイーツショップ。看板商品の「ジャンボシュークリーム」をはじめ、バラエティゆたかな本格スイーツが揃う。

❖中央区銀座1-8-1
池田園ビル(銀座1丁目本店)
❖0120-17-5257
(お客様センター)

[東京都]

ブールミッシュ　銀座本店

昭和48年創業の『ブールミッシュ』は、日本の本格的フランス菓子の

さくらのヴェリーヌ

桜の季節に合わせたカップ商品。桜味のムースに、桜味のゼリーを合わせ、シロップ漬けの桜の花を飾り、桜づくしのヴェリーヌに仕上げている。

[価格]500円(税抜)　[販売]3月～4月

❖ダロワイヨ　銀座本店

さくらのマカロン

洋菓子で人気の高い「マカロン」に季節感をプラス。桜風味のバタークリームをサンドし、上面に蜜漬け桜の花びらをあしらい、かわいらしい雰囲気に。

[価格]220円(税抜)　[販売]2月中旬～4月中旬

❖ブールミッシュ　銀座本店

桜のマドレーヌ

桜の優しい甘い香りがほんのり口の中に広がるマドレーヌ。ピンク色で愛らしい塩漬けされた桜の花びらをトッピングし、旬を味わえるパウンドとして人気。

[価格]1200円(税抜)

[販売]3月～5月

❖株式会社
アニバーサリー

エクレール サクラ

かわいらしいピンク色のフォンダンに、やさしく塩味を効かせた桜の花を添えた。キルシュでほんのり香りづけたカスタードクリームが甘酸っぱい桜の風味を引き立てる。

[価格]520円(税込)　[販売]3月下旬～4月上旬

❖パティスリー・サダハル・アオキ・パリ

草分け的存在。「トリュフケーキ」と「シブースト」が有名。

❖中央区銀座1-2-3

❖03-3563-2555

[東京都]

ダロワイヨ　銀座本店

1802年創業のフランス食文化のシンボルともいえるブランド。日本の風土に合った独創性を加味しながら質の高い製品を提供。

❖中央区銀座6-9-3

❖03-3289-8260

[東京都]

パティスリー・サダハル・アオキ・パリ

パリを拠点に活動し、現在、世界で最も注目される日本人パティシエの一人・青木定治氏が展開するパティスリー。

❖千代田区丸の内3-4-1
新国際ビル1F

❖03-5293-2800

[東京都]

株式会社　アニバーサリー

記念日の喜びや幸せを、集まった人々がスイーツを通じて分かち合えるケーキを目指し、ひとつひとつを丁寧に手作りする。

❖港区南青山6-1-3
コレッツィオーネ1F

❖03-3797-7894

さくらパイ

月替わりの限定パイシリーズ。桜の葉の塩漬けを刻んであんに入れ、オランダ産発酵バターたっぷりのパイ生地で包み、香ばしく焼き上げた。程よい塩気と桜の風味が特徴。

[価格]160円(税抜)　[販売]4月1日〜4月末日

❖オランダ家

さくらクッキー

桜のミンチを練りこんだクッキー生地を桜色の生地で巻き込んだ、華やかな春のクッキー。桜の香りが口いっぱいに広がり、さっくりした食感が特徴。

[価格]100g・450円(税抜)　[販売]2月中旬〜3月末頃

❖ステラおばさんのクッキー

桜大福

白あんに桜葉ペーストを練り込んだあんと桜葉の刻みを練り込んだあんを二重にして桜色に染めた大福で包んだ。桜花漬を添えて、桜づくしの大福に。

[価格]162円(税込)　[販売]2月(平成28年以降は販売未定)

❖なごみの米屋

季節の羊羹「桜山路」

白羊羹に刻んだ桜葉を加え、緑と桜色に染めた羊羹に、錦玉を合わせた。錦玉の中には桜花漬と大納言かの子が。見た目の美しさと桜の香りが春を感じさせる。

[価格]756円(税込)　[販売]4月(平成27年まで販売)

❖なごみの米屋

[東京都]

ステラおばさんのクッキー

「ステラおばさんのクッキー」でおなじみの『アントステラ』。18世紀から伝わる伝統の製法で焼き菓子を作る。

❖東京都渋谷区渋谷3-3-5 NBF渋谷イースト3F

❖03-5774-2050(本社)

[千葉県]

オランダ家

千葉県内に50店舗近くを展開する和洋菓子店。地元千葉の食材を使った焼き菓子やケーキ、和菓子など幅広く製造販売する。

❖千葉市美浜区新港211(本社)

❖043-241-4111 0120-063-065(フリーダイヤル)

[千葉県]

なごみの米屋

明治32年、成田山新勝寺の参道で創業。成田山の精進料理・栗羹にヒントを得て、地元の柴栗で栗羊羹を製造販売したのが始まり。

❖成田市上町500(總本店)

❖0476-22-1661

さくらチーズケーキ

厳選した新鮮なクリームチーズを使った、パティシエ手作りのベイクドチーズケーキ。チーズの豊かな風味と桜の香りが口の中に広がる、見た目にも春らしい一品。

[価格]1320円(税込) [販売]平成27年3月上旬～4月中旬(詳しい販売期間については要問合せ) ❖那須高原チーズガーデン五峰館

土浦日記

土浦の自然の豊かさと、未来永劫、変わらぬ郷土を願う郷土銘菓として誕生。こしあんに白小豆を入れ、市の中心部に流れる桜の名所「桜川」をたとえ、桜の花を添えた。

[価格]120円(税抜) [販売]通年

❖お菓子の久月

さくらのニルバーナチーズケーキ

濃厚で風味豊かなデンマーク産の最高級クリームチーズを使用した桜風味のチーズケーキに桜の花びらを散りばめた。ニルバーナとは、“最も優れたもの”を意味する仏教用語。

[価格]1800円(税抜) [販売]3月中旬～4月末迄

❖明治の館

さくらのケーキ

桜の味をなるべくシンプルに表現しようと考案した、クグロフ型のパウンドケーキ。生地に桜花のミンチと刻んだ桜葉を混ぜ込み、仕上げに桜花の密漬けをあしらっている。

[価格]1000円(税抜) [販売]3月中旬～4月末頃

❖明治の館

[茨城県]
お菓子の久月

創業65年、茨城県土浦市を中心に18店舗を展開。地元の素材や原材料を発掘し、地域に根差した菓子作りを行う。

❖土浦市東真鍋10-4

❖029-821-2035

[栃木県]
那須高原チーズガーデン五峰館

雄大な那須連山をのぞむ場所に建つリゾート型菓子販売店。「御用邸チーズケーキ」をはじめ、パティシエ手作りのチーズケーキが人気。

❖那須郡那須町高久甲喰木原2888

❖0287-64-4848

[栃木県]
明治の館

日光世界遺産の敷地内に建つ西洋料理店『明治の館』は、明治時代を代表する貴重な建造物として平成18年登録有形文化財に登録。

❖日光市山内2339-1

❖0288-53-3751

旬菓まんじゅう さくら

桜ミルク風味のあんを包んだひと口サイズのおまんじゅう。東日本大震災後の厳しい環境を脱するために、春の素材をテーマに技術を結集して創作し、大好評となった商品。

［価格］8個入・500円（税込）［販売］平成27年年3月10日～4月30日

❖柏屋

桜のマカロン

桜餅をイメージして仕立てた和テイストのマカロン。桜葉を使った塩味のガナッシュと桜の花を使った生地を取り合わせ、ピンクと緑の彩りが春を思わせる。

［価格］220円（税抜）［販売］3月～5月

❖ブティック　チヒロ

ハートの桜羊羹

昭和12年にゴムの中に羊羹を入れた玉羊羹を開発。ゴムの形をハート形に変え、桜の花びらに見立てた桜羊羹として販売。日持ちも良く、桜の香りと味も好評。

［価格］1188円（税込）［販売］3月～4月下旬

❖御菓子師玉嶋屋

家伝ゆべし さくら餡

米粉の生地に白あんを入れ、独特の三角形に包んで蒸し上げた「家伝ゆべし」の春限定商品。桜葉を刻んで白あんに練り込んだ桜あんを包んであり、豊かな風味が楽しめる。

［価格］2個入・200円（税抜）［販売］3月中旬～4月末

❖かんのや

［栃木県］

ブティック　チヒロ

同店の定番商品・マカロンやプティガトーなどのフランス菓子に加え、生産者と共に作るピクルスのテイクアウト・ブティック。

❖宇都宮市吉野1－7－10

❖028－633－5949

［福島県］

柏　屋

嘉永5年創業の老舗菓子店。福島の名物として知られる「柏屋薄皮饅頭」が代表銘菓。

❖郡山市富久山町久保田字宮田127－5

❖024－956－5511（代表）

［福島県］

かんのや

万延元年、初代菅野文助が福島県三春町で菓子作りを開始。独特の形をした「家伝ゆべし」が主力商品。

❖郡山市西田町大田字宮木田3（本社）

❖0247－62－2161

［福島県］

御菓子師玉嶋屋

伝統製法を守り、今も羊羹はナラの薪を焚き、職人があんを練り上げ、竹の皮に包んで仕上げる。

❖二本松市本町1－88

❖0243－23－2121

サクラ・マウンテン

サクラクリームをメインに、カスタードクリーム、あんこ、求肥など、洋菓子と和菓子の材料が見事にマリアージュしたケーキ。和菓子が入った意外性がうけて人気商品に。

［価格］400円（税抜） ［販売］2月〜4月

❖ムッシュ・マスノ・アルパジョン

ロールケーキ桜姫

桜色がきれいな春限定のロールケーキ。桜あんと生クリームの特製クリームが、ほんのり塩味で食欲をそそる。刻んだ桜葉入りの生地はふんわりとした食感が特徴。

［価格］1200円（税抜）

［販売］3月中旬〜4月中旬

❖レ・フィーユ

さくらサブレ

生地に桜葉ミンチを練り込み、ほんのり桜風味に。桜の葉をモチーフにしたさっくり歯触りのサブレ。桜花漬がアクセントになった老若男女問わず人気のある商品。

［価格］1枚・110円、6枚入・700円、12枚入・1410円（税込）

［販売］3月〜5月上旬 ❖お菓子のくらた

さくらパイ

桜葉粉末と桜リキュールを練り込んだ白あんを、さっくりとした折りパイで包んだ。白あんを香り豊かな桜色に仕上げ、春の到来を一足先に伝える商品としてロングセラーに。

［価格］140円（税込） ［販売］12月末日〜4月中旬

❖株式会社 杵屋本店

［宮城県］

レ・フィーユ

昭和22年創業の仙台銘菓「萩の月」で有名な㈱菓匠三全の洋菓子ブランド。カフェも併設される。

❖仙台市青葉区中央1-1-1 エスパル仙台店B1F

❖022-715-0251

［宮城県］

ムッシュ・マスノ・アルパジョン

サンタクロースが目印の洋菓子店。石巻、仙台、岩沼で5店舗を展開。「クマの手シューラスク」が人気。

❖仙台市泉区八乙女中央3-9-15

❖022-776-7727

［山形県］

株式会社 杵屋本店

文化8年、現在の山形県南陽市に創業の200余年を経る老舗。地産地消を軸にお菓子作りを行う。

❖上山市弁天2-3-12

❖023-673-5444

［秋田県］

お菓子のくらた

創業嘉永6年。㈱安藤醸造の醤油を使用した醤油スイーツなど、秋田ならではの和洋菓子を製造販売。

❖湯沢市字黄金原1

❖0183-73-5185（本社工場）

桜餅 6個入

国産ヒメノモチを道明寺加工した桜餅。生地は着色せず、塩のみで漬けた伊豆の桜葉で手巻きする。独自の冷凍技術で保存料は一切使用せず、解凍すれば作りたての味に。

[価格]864円(税込) [販売]3月中旬〜4月末

❖芽吹き屋オンラインショップ

かもめからのさくら便り

外側からチョコ・カステラ生地・あん・ペーストの4層になった桜風味の卵型菓子。春の便りである桜をイメージして開発した東北地区以外での限定販売商品。

[価格]4個・450円(税抜) [販売]3月〜4月上旬(東北地区以外での販売)

❖株式会社鴎の玉子

桜花まんじゅう

粒あんの中に桜葉入りの桜あんをしのばせ、真っ白な生地で包み、桜花の塩漬けを飾った。ほのかな桜の香りに、北国の春を感じると、毎年好評の一品。

[価格]104円(税込) [販売]2月末〜5月上旬

❖百石町ラグノオ SAKI

春の限定 いのち桜

人気のカスタードケーキ「いのち」の春限定商品。桜リキュールで香りづけしたカスタードクリームの中心に桜あんを入れ、ふんわり桜色の生地で包んだ人気商品。

[価格]114円(税込) [販売]2月末〜5月上旬

❖百石町ラグノオ SAKI

[岩手県]

株式会社 鴎の玉子

三陸の港町・大船渡の小さな菓子店『齊藤菓子店』が昭和27年に開発を始めた「かもめの玉子」は、いまや東北を代表する銘菓に。

❖大船渡市赤崎町字宮野5-1

❖0192-26-3600(本社)／03-3509-6648(東京支店)

[岩手県]

芽吹き屋 オンラインショップ

昭和29年創業の製粉メーカー・岩手阿部製粉㈱のお菓子ブランド『芽吹き屋』のオンラインショップ。四季折々の商品を取り揃える。

❖花巻市石鳥谷町好地3-85-1

❖0198-45-4880(本社)

[青森県]

百石町ラグノオ SAKI

青森県産の素材にこだわった商品開発を行うお菓子メーカー『ラグノオ』の本社ビル1階にあるショップ&ベーカリーカフェ。

❖弘前市百石町9

❖0172-33-2122

桜バウムクーヘン

しっとりした食感が特徴の「バウムクーヘン妖精の森」を桜味で。見た目も味わいも春らしく、口に入れると桜がほのかに香る。手土産としても人気が高い。

［価格］1131円（税込） ［販売］春季限定（詳しい販売時期については要問い合わせ） ❖北菓楼

さくらSENBEI

「弘前公園」に咲く桜の花をせんべいで表現。桜の花びらを焼きこんだ薄いせんべいに、桜の砂糖衣を上がけした。さっくりとした食感に桜の風味が楽しめるロングセラー商品。

［価格］1枚・80円（税抜） ［販売］通年

❖しかないせんべい

パレット・桜

ケークパレットの春バージョン。桜葉ミンチを練り込んだ生地に、桜リキュールを染み込ませ、土台の中には桜あんを入れ、桜風味のグラサージュと桜模様のチョコで彩った。

［価格］1080円（税込） ［販売］4月上旬～5月下旬

❖白い恋人パーク ショップ・ピカデリー

さくらさく

アロエ入り桜風味ソースにミルクプリン、桜あん入りソース、小豆蜜漬け、もち米入り桜あんがアクセントの白ごま入りムースを重ね、一番上には桜花漬入りゼリーを。

［価格］432円（税込）

［販売］3月中旬～5月中旬

❖白い恋人パーク ショップ・ピカデリー

［青森県］

しかないせんべい

大正15年創業。店名に「せんべい」とあるが、焼き菓子も幅広く展開。ソメイヨシノで有名な「弘前公園」の近くに店舗を構える。

❖弘前市新寺町32

❖0172-32-6876

［北海道］

北菓楼

手間暇かけたおいしさを追求し、多彩な和・洋・生菓子を展開。「北海道開拓おかき」、「バウムクーヘン妖精の森」などを揃える。

❖砂川市西1条北19-2-1

❖0120-700-752

［北海道］

白い恋人パーク ショップ・ピカデリー

石屋製菓㈱の運営する、白い恋人パーク内の土産店『ショップ・ピカデリー』。「白い恋人」や「美冬《みふゆ》」などを販売。

❖札幌市西区宮の沢2-2-11-36

❖011-666-1481

桜の食めぐり

〝桜〟にちなんだ定番の鍋から、桜の葉や花を取り入れたユニークな食品まで、全国各地の「桜の食」を集めました。また、美容や健康に効果が期待されていることや、和食ブームに伴い、海外からも注目されはじめた桜についてもご紹介します。

キッシュロレーヌ

タルト生地で作った器の中に、卵とクリーム、沖縄の島野菜のゴーヤと桜を合わせて焼き上げたキッシュ。春の短い沖縄でも季節感を感じられるようにと開発。

[価格] 1ピース(6号8等分)・450円、1個(直径9㎝)・800円(税込)

[販売] 2月～4月頃 ❖ 古宇利島テラス

桜香るミルフィーユかつ

薄くスライスした豚ロースをミルフィーユのように幾重にも重ねて、桜の葉と明太子を挟み込んで揚げた。華やかな見た目で、食べた瞬間ほのかに桜が香る。

[価格] 1品・350円(税抜)　[販売] 2月下旬～5月末

❖ とんかつ浜勝

桜のトロフィエと桜海老

日本人にとって春の代名詞である桜の花と葉を練り込んだトロフィエという手打ちのショートパスタに桜海老を合わせて春を表現した、おまかせコースの一皿。

[価格]「おまかせコース」5000円から提供　[販売] 4月

❖ リストランテ　チヒロ

桜と蕪のピクルス

蕪と桜を合わせた春のピクルス。もともとは姉妹店で瓶詰めピクルスとして販売。反響が大きかったため、レストランらしく仕立ててコースに組み込んだ。

[価格]「おまかせコース」3000円から提供　[販売] 4月

❖ レストラン　チヒロ

[長崎県]

とんかつ浜勝

㈱リンガーハットが展開するとんかつ専門店。昭和37年創業の九州を代表する老舗とんかつブランド。

❖長崎市鍛冶屋町1-14

❖095-827-5783

[沖縄県]

古宇利島テラス

沖縄県北部の古宇利島《こうりじま》の高台に建つカフェ。沖縄で1番綺麗な海を眺めながらゆったりとした時間を過ごせる。

❖国頭郡今帰仁村古宇利314

❖098-850-8698

[栃木県]

リストランテ　チヒロ

旬の食材で仕立てるおまかせコースとワインを楽しむカジュアルイタリアン。

❖宇都宮市伝馬町2-23

❖028-612-5969

[栃木県]

レストラン　チヒロ

旬の食材で仕立てるおまかせコースとワインを楽しむ完全予約制フレンチ。

❖宇都宮市吉野1-7-10

❖028-633-5929

食べるSAKURA 世界へ!

Case1

海外向けオンラインショップで人気

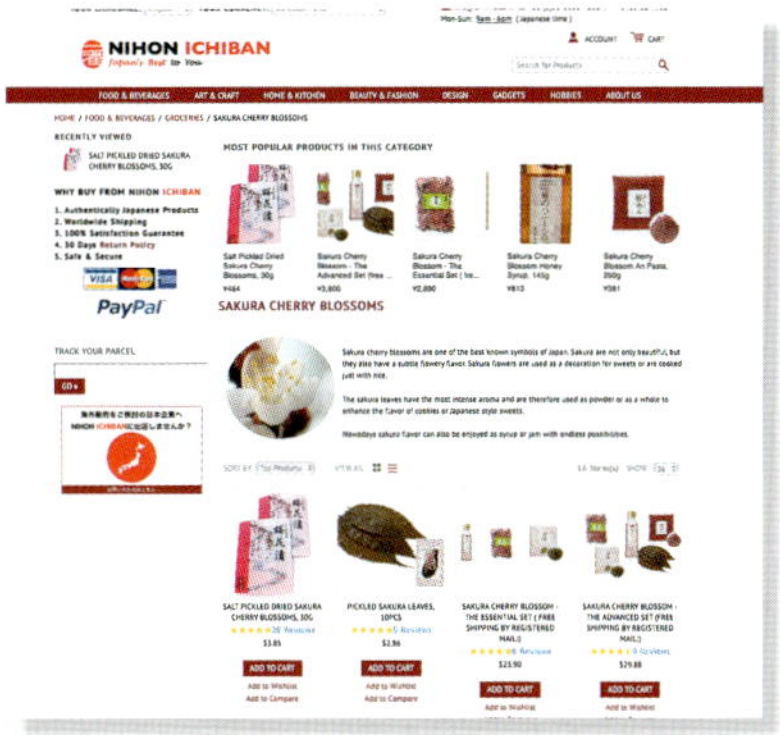

オンラインショップ「NIHON ICHIBAN」では、日本の上質な品を幅広く紹介。世界53ヶ国に1万2千人のビジターを持つ。運営は老舗の梅干し店『ちん里う』(神奈川・小田原)で、ニコラさんは同店の役員も兼任する。

日本の文化や製品に興味を持つ外国人に高い評価を得ているのが、オンラインショップ『NIHON ICHIBAN』。このサイトを創設したニコラさんは、日本の老舗、名店の上質な商品を各地から掘り起こし、1700点以上を取り揃えています。食品の中でとりわけ人気なのが桜の商品で、外国の人は「桜が日本のシンボルとは知っていても、食べられることを知らないので、とても興味を持つ」とニコラさん。サイトにはユーザーの活用レシピなども掲載され、食べる桜の新たな魅力に出会えます。

ヴェルゲル・ニコラさん。ドイツ出身で十数年前に来日。日本の老舗の品格とその商品の良さに惚れ込み、銘品を海外向けに販売。

Case2

フランス・星付きレストランでも登場

一番人気は桜の葉。その他桜のフレーク、パウダーなどが主力商品。HP「Nishikidori」でも商品が見られる。

オリヴィアさんと桜との出合いは、シラ国際外食産業見本市（フランス・リヨン）でのこと。フォルムの美しさに惹かれ、桜の葉を手に取ったといいます。「アーモンドのような香りなのに、味は甘くて塩辛い。驚きました」。お湯に入れて飲んでみるとおいしく、〝だし〟として使うよう顧客のシェフに提案。魚のフィレとも好相性で評判も上々とのこと。現在はスイーツ向けの桜パウダーなどで販路を拡大し、「一度使うとリピートするシェフがほとんど。まだトップシェフに浸透しているだけですが、問い合わせも多く、今後広まっていくと思う」と言います。

パルミフランス社のオリヴィエ・ドゥレンヌさん。ヨーロッパのトップシェフに、桜をはじめとする日本の高級食材を販売している。

越前そばの里 ［福井県］

直営農場を持ち、栽培・収穫・製粉・製麺・つゆ作りまで一貫して自社で手掛ける「越前そば」メーカー・㈱武生製麺が運営する商業施設。

❖ 越前市真柄町7-37
❖ 0778-21-0272

さくらそば

自家製粉そば粉に桜葉の粉末を練り込んだ、桜がほのかに香る変わりそば。お土産販売品。

［価格］1パック 358円（税抜）
［販売］毎年2月21日～4月30日

週替りランチ

食事処『越前屋』では、挽きたて、茹でたての様々なそばが味わえる。桜の季節には「さくらそば」が登場し、大人気。

「体験夢工房」では、初心者でも簡単にそば打ち体験（要予約）ができる。

すし屋の花勘 ［東京都］

上質の伝統的な江戸前ずしに加え、ひと手間かけた新しい味わいのすしが楽しめる。遠方から来るファンも掴む評判のすし店だ。

❖ 葛飾区お花茶屋1-19-11
❖ 03-3838-3938

白魚の桜にぎり

塩漬けの桜の葉に白魚をのせて酒を振り、軽く蒸してから握る。白魚に桜の香りを移した、春を感じさせるにぎりずし。1月～4月半ばの季節限定で出す逸品。

［価格］時価

イカの桜まぶし

甘みのある春の白イカを使う。白イカを食べやすく細切りにし、桜の花を加えて和え、美しいすしダネに。握って上に岩塩をのせる。

［価格］時価

カスゴの昆布〆桜添え

春の演出が粋な昆布〆のすし。昆布で〆て旨みをのせた小ダイに、甘酢漬けの松前昆布をのせる。桜の花と一緒に食べて春を味わう。

［価格］時価

［東京都］みの家

明治30年創業。と畜から日が浅い馬肉は旨みが足りないと考え、熟成肉を使う点が特徴。伝統の味を守りつつ、より上質なおいしさを追求する。

❖江東区森下2－19－9
❖03－3631－8298

桜なべ（ロース肉）

馬肉は青森で飼育された熟成ブロック肉を仕入れ、さらに自店で1週間ほど熟成させて旨みを高めている。割下に八丁味噌、江戸甘味噌、馬の腹脂が入り、コク深い味わいが特徴だ。　［価格］2100円

土産品として「さくら肉の燻製」1800円や、冬季限定「さくら肉の煮つけ」900円なども販売する。

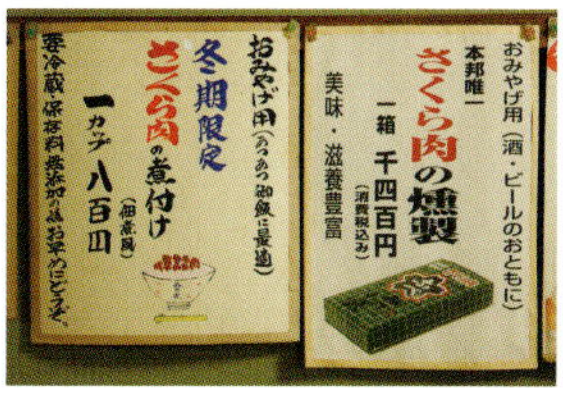

［東京都］中江

明治38年創業。当時の吉原に店舗を構え、桜なべの文化を守り続ける。鍋の残り汁で味わう「あとご飯」を名物化したことでも有名。

❖台東区日本堤1－9－2
❖03－3872－5398

桜なべ

福岡・久留米で飼育された馬肉を使用。「バラ」は口溶けがよく、後味に脂っこさが残らない点が魅力だ。まず馬肉のみを割下と味噌で煮て、肉本来の旨みを味わうのが通。
［価格］バラ2600円、ロース1700円

「馬肉のつくね」1280円
1日5食、冬季限定で鍋の追加具材として提供。赤身の挽き肉に黒ゴマ、ネギなどを加えた人気商品。

なぜ〝桜肉〟か

「桜肉」の由来には諸説あり、どれも真偽の程は定かではありません。ここでは5つの説を紹介します。

1、『隠語説』
肉を食べることを公にできない時代、「馬」を「桜」に換えて呼んだという説。猪を「牡丹」、鹿を「紅葉」と呼ぶことがあるため、信憑性が高いともいえる。

2、『桜の季節がおいしい説』
一番脂がのっておいしい馬肉は、桜の季節であるため。

3、『桜色説』
鍋で煮込んだ馬肉が桜色になるため。

4、『佐倉（千葉県）説』
佐倉の地に幕府の牧場があり、「馬といえば、佐倉《さくら》」といわれた背景があるため。

5、『牛肉の「さくら」説』
牛鍋が人気だった文明開化の時代、馬肉は牛肉より安価だった。馬肉を牛肉だと偽って提供する店があり、馬肉は牛肉の「さくら」に使われたため。

―「馬肉新書」（小社刊）より―

フラワージャム 桜

糖質にはグラニュー糖とレアシュガーを使用。桜の花エキス入りの薄いピンク色のジャムの中に、ガク付きの桜の花びらを閉じ込めた。華やかな色合いで季節感を楽しませる。

［価格］750円（税抜）［販売］平成27年1月中旬〜4月初旬

❖株式会社　新宿高野

かまぼこ暦 卯月の桜

桜花漬と魚のすりみを重ね、口にすればほんのりと桜が香る月替わりのかまぼこ。美しい彩りで食卓が華やぐ一品。

［価格］800円（税抜）［販売］毎年3月下旬〜4月下旬

❖鈴廣かまぼこ

ナチュラルチーズ さくら

桜の香りがふんわりと広がる、きめ細やかでホロリとした口溶けのチーズ。蜂蜜などを添えてデザート風に食べるのもおすすめ。質の高さは国内外で認められている。

［価格］農場直売価格702円（税込）［販売］1月中旬〜5月中旬

❖農事組合法人　共働学舎新得農場

ナチュラルチーズ さくらのアフィネ

アフィネとは、フランス語で熟成の意味。「ナチュラルチーズ さくら」をさらに1ヶ月熟成した商品。まろやかな酸味に、深みのあるコクとなめらかな舌触りが特徴。

［価格］農場直売価格918円（税込）［販売］2月中旬〜6月上旬

❖農事組合法人　共働学舎新得農場

［神奈川県］

鈴廣かまぼこ

創業150周年を迎えるかまぼこ店。かまぼこは、天然素材を用い、化学調味料は一切使わず、保存料無添加で製造している。

❖小田原市風祭245

❖0465-22-3191

［東京都］

株式会社　新宿高野

明治18年の創業より、フルーツの魅力を余すことなく〝フルーツのある豊かな生活〟を提案し続ける老舗フルーツ専門店。

❖新宿区新宿3-26-11

❖03-5368-5151

（新宿高野本店B2Fオリジナルフード&ギフトフロア）

［北海道］

農事組合法人 共働学舎新得農場

通称〝牛乳山〟の麓でその風土を活かし、美味しさを追求したもの作りをするために、牛飼いからチーズ造りまで一貫して行う。

❖上川郡新得町字新得9-1

❖0156-69-5600

［和歌山県］

株式会社　勝僖梅

贈答梅干専門店として最高級品種

勝喜梅さくら仕立て 桜8包

国産はちみつで大粒の紀州南高梅を減塩甘口に漬け込み、仕上げに八重桜一輪の花を添え、桜の葉で包みこんだ。上品な甘みで桜がほんのり香る、和菓子のような梅干し。

［価格］2000円（税込）［販売］2月〜4月

❖株式会社　勝僖梅

さくらジャム 55g

パンにはもちろん、ケーキのソースとしてもおすすめ。お湯に溶かせば桜湯として、紅茶に溶かせばロシアンティー感覚で楽しめ、桜の花びらの食感や優しい香りが魅力に。

［価格］330円（税抜）［販売］12月中旬〜4月下旬

❖株式会社　たかはたファーム

美容・健康の分野でも注目！

桜は、美容・健康への効果も期待されているのをご存知でしょうか。植物から機能性成分を抽出し、世界に提供するオリザ油化㈱（愛知・一宮市）が、桜の花からエキスを抽出し、その成分や機能性を研究したところ、シワやたるみの原因となる〝コラーゲンの糖化〟を抑制する働きを発見しました。また、難題とされた安定的な供給にも世界で初めて成功。現在、多くの優良企業が同社の「桜の花エキス」を採用しており、桜の花エキス配合の美容・健康食品や化粧品が販売されています。

桜エキスを配合した商品の数々。①Liftage PG-EX（サントリーウエルネス）②エイボン ライフ トータルホワイト UV（エイボン・プロダクツ）※2014年春 販売終了 ③エイボン ライフ レスベラトロール＆えんめい楽（エイボン・プロダクツ）※2015年夏 販売終了④メルモラヴ（わかさ生活）⑤DNA核酸（わかさ生活）⑥飲むビタミンC＆ホワイトエッセンス（森永製菓）⑦GREEN FIBER キレイの青汁（ポーラ）⑧艶美華タブレット（湧永製薬）

の紀州産南高梅を使用した梅干の製造販売を行う。和歌山本店と近鉄百貨店和歌山店にて直営販売する。

❖和歌山市西高松1－5－24

❖073－436－5555

［山形県］

株式会社　たかはたファーム

恵まれた自然環境の中で、ヘルシーでナチュラルな本物のおいしさを追求し、食卓を豊かにする真心をこめた食品作りに情熱を注ぐ。

❖東置賜郡高畠町大字入生田100

❖0238－57－4401

デザートビネガーwith桜 桜のコンフィチュール

桜の酢と桜の花びらを使った、春のコンフィチュール。パン、ヨーグルト、アイスクリームなどに添えれば、自然な桜の香りとほどよい酸味が贅沢なひと時を演出。

[価格]756円(税込)
[販売]2月〜4月頃
❖オークスハート
日本橋店本店

飲む酢・デザートビネガー・桜

短期間でしか楽しめない桜の香りをお酢の中にとじ込めた。国産の桜の花びらと葉から自然な桜の香りを豊かに引き出した春満開の香りを楽しませる。

[価格]1620円(税込)
[販売]1月〜4月頃
❖エキスプレ・ス・東京
お酢屋銀座　本店

桜花ドレッシング(左) さくらぽん酢(中央) 桜花しょうゆ(右)

左から、桜の花が野菜の上に花ひらく「桜花ドレッシング」。リンゴ酢の爽やかな味わいとともに器に桜が舞う「さくらぽん酢」。桜の花が美しく映える「桜花しょうゆ」は、化学調味料は使わず琥珀色に仕上げた。製造後1〜2ヶ月は卓上でお花見気分を楽しめ、2ヶ月目頃からは桜の風味が醤油に移り、香る調味料として味わいを楽しめる。食卓が楽しくなる桜シリーズの人気商品。

[販売]各600円(税抜)
[販売]2月〜5月末
❖日本醤油工業　株式会社

[東京都]
エキスプレ・ス・東京
お酢屋銀座　本店
酢の情報ステーションとして平成22年にオープン。「酸っぱいだけではない、酢の新しい世界」の魅力を伝えるOSUYA1号店。
❖中央区銀座4-6-16
銀座三越地下2F
❖03-3561-7401

[東京都]
オークスハート　日本橋店本店
〝酢のおいしさ新発見〟をコンセプトに平成15年2月、日本初の酢専門店として誕生し、従来の酢のイメージを変えたブランド。
❖中央区日本橋2-4-1
日本橋高島屋　地下1F
❖03-3516-0818

[北海道]
日本醤油工業　株式会社
昭和19年に現キッコーマン㈱と日本清酒㈱の協力のもと設立。現在は伝統の味を守りながら、醤油加工品などの拡大を図っている。
❖旭川市曙1条1
❖0166-22-1471

桜のお酒めぐり

お花見に欠かせないのがお酒ですね。日本のお酒の多くに「桜」の名が付けられているのも頷けます。また、「桜（櫻）」でなくとも、「花（華）」と付くものは、たいていラベルに桜の花が描かれています。最近では、桜の花の酵母で醸造したお酒、桜の花を漬け込んだお酒も登場しています。

※飲酒は20歳になってから。※お酒はおいしく適量を。※飲酒運転は法律で禁止されています。
※妊娠中や授乳期の飲酒は、胎児・乳児の発育に悪影響を与えるおそれがあります。

黄桜 特撰 花きざくら

(300mℓ・720mℓ)

すっきりとした甘さで、やさしい味わい。社名の由来である八重桜の一種「キザクラ」の花から採った酵母（花酵母）で仕込んだ純米吟醸酒。

[参考小売価格] 300mℓ・392円、720mℓ・870円（税抜）
[販売] 春期限定（平成28年2月中旬〜5月頃）

❖黄桜　株式会社

櫻正宗 櫻華一輪 大吟醸 (720mℓ)

酒造りに最も適した酒造好適米「山田錦」を35%まで磨き上げ、低温発酵させた。フルーティーな香りと切れ味のよさ、華やかな風味を感じる手造り大吟醸酒。

[参考小売価格] 2985円（税抜）　[販売] 通年

❖櫻正宗　株式会社

櫻正宗 さくら RED SWEET 11 (360mℓ)

赤米を使用したピンク色のお酒で、さわやかな甘酸っぱさが特徴。アルコール度数11度の低アルコール清酒で、あまりお酒が強くない人でも飲みやすいと好評。

[参考小売価格] 586円（税抜）　[販売] 通年

❖櫻正宗　株式会社

［京都府］
黄桜 株式会社

清酒をはじめとするアルコール飲料や食料品の製造販売のほか、地ビールレストラン『カッパカントリー』など飲食店も直営で運営。

❖京都市伏見区塩屋町223
❖075-611-2172
（お客様相談室／8:30〜17:00平日のみ）

［兵庫県］
櫻正宗 株式会社

創醸寛永2年。清酒「正宗」の元祖蔵・宮水の発見蔵・協会1号酵母発祥蔵など、日本酒史に偉業を成し遂げてきた蔵元。

❖神戸市東灘区魚崎南町5-10-1
❖078-411-2101

リキュール 櫻玉

丸い瓶の中に、桜の蜜漬が一片入ったキュートなリキュール。乙類の焼酎をベースに、酸味と甘味のある味わいが特徴。桜をイメージして、甘めの味わいに仕立てた。

[参考小売価格]800円(税抜)

[販売]春(桜の時期)の限定発売

(詳しい販売時期については要問い合わせ)

❖ 笹の川酒造　株式会社

サンクトガーレン さくら

「天下第一の桜」と称される長野県伊那市高遠の桜の花と葉を使った桜餅風味のビール。大麦麦芽に小麦麦芽をプラスして使用するため、柔らかく優しい口当たり。

[参考小売価格]429円(税抜)

[販売]毎年2月下旬〜4月

❖ サンクトガーレン　有限会社

にいがた酒の陣限定 さくら梅酒 (300mℓ)

新潟の食と地酒を楽しむ祭典「にいがた酒の陣」限定商品として開発。すっきりとキレの良い純米酒で仕込んだ酒蔵こだわりの梅酒。飲み干すごとにほんのり桜の香りが鼻に抜ける。

[参考小売価格]500円(税込)

[販売]平成27年「にいがた酒の陣」開催期間(2日間)

❖ 麒麟山酒造　株式会社

三春駒純米大吟醸原酒 一と口

三春町内にある「福聚寺」に咲き誇る樹齢四百数十年のベニシダレから採った櫻酵母を使用し、地元の水と米で女性の造り手が仕込んだ。自然酵母独特の上質な酸味とキレの良さが特徴。ラベルは芥川賞作家で同寺住職の玄侑宗久氏が記した。

[参考小売価格]2200円(税抜)

[販売]平成28年4月予定(味や香りなど仕上がりを判断してから出荷となるため、秋に発売延期の場合もあり)

❖ 佐藤酒造　株式会社

[神奈川県]

サンクトガーレン 有限会社

日本の地ビール解禁前から激戦区の米国でビールの製造販売を行っている元祖地ビール屋。上面発酵製法のエールビール一貫主義。

❖厚木市金田1137-1

❖046-224-2317

[福島県]

笹の川酒造 株式会社

創業明和2年。本業の清酒のほか、焼酎や洋酒などの酒類製造免許も保持。地域活性化へのご当地焼酎の製造にも対応する。

❖郡山市笹川1-178

❖024-945-0261

[福島県]

佐藤酒造 株式会社

日本三大桜「滝桜」がある小さな城下町・三春町の酒蔵。阿武隈山系の伏流水で、気品のある香りと旨みのある味わいの酒を醸し出す。

❖田村郡三春町字中町67

❖0247-62-2816

[新潟県]

麒麟山酒造 株式会社

かつて川港として栄えた阿賀町・津川で、地元に根ざした酒造りにこ

何度も訪れたい、プリンスホテルの桜まつり

高輪エリアには3つのプリンスホテルが林立し、毎春一斉に桜まつりを開催しています。敷地内の日本庭園には約230本の桜があり、その開花時期に合わせて各レストランで桜にちなんだメニューを提供したり、桜を楽しむ宿泊プランを用意。見頃の桜を楽しむイベントも行い、桜を様々な角度から楽しめると、毎年大盛況です。

約2万m²におよぶ日本庭園があり、19種約230本の桜が咲き誇る。写真はさくらばしと山門のある春の風景。

桜満開時の『ザ・プリンス さくらタワー東京』の客室。過去には、室内でお花見弁当が楽しめるプランも。

デュワーズ 桜ハイボール

スコッチウィスキーの代表格「デュワーズ」に、桜花のシロップ漬けを加えれば、ほのかな甘味と爽やかな香り漂う桜ハイボールに。グラスの中で桜が華やかに舞う。

[参考小売価格]
デュワーズ ホワイト・ラベル(700mℓ)・1574円(税抜)
[販売]3月〜4月
※桜花のシロップ漬は別売り
❖バカルディ ジャパン株式会社

SAKURA Spumante Rosè Extra Dry

イタリア・アブルッツォ州産のモンテプルチアーノ種を使用したスパークリングワイン。熟したブドウを手摘みで収穫し、果皮の厚い粒を選りすぐっている。ロゼ色が桜色に似ていることから、お花見の席で飲んでほしいという想いで名付けられた。

[参考小売価格]3600円(税抜)
[販売]通年
❖ジェノス・ワイン・マーチャント株式会社

だわり、名峰麒麟山の麓で辛口の酒を醸し続けている蔵元。
❖東蒲原郡阿賀町津川46
❖0254-92-3511

［東京都］
バカルディ ジャパン 株式会社
1862年、ドン・ファクンド・バカルディ氏がキューバ サンティアゴに創設。洋酒の輸入、マーケティング、販売を行う商社。
❖渋谷区東3-13-11
フロンティア恵比寿ビル2F
❖03-5843-0672

［東京都］
ジェノス・ワイン・マーチャント 株式会社
ワインの輸入販売事業及びワイン・コンサルティング事業を行う。人とワインを結び、豊かで実りある人生の創造を目指す。
❖目黒区中目黒1-9-3
❖03-3716-1794

おいしい桜クッキング

桜花漬や桜葉漬をご家庭で使う機会は、とても少ないと思います。ですが、その塩気や香り、色味は、さまざまな料理を引き立ててくれます。そこで各ジャンルの人気シェフに、食用の桜を活用するアイデアとレシピを教えてもらいました。ぜひお試しください。

※シェフが使う桜の食材✽はＰ88で紹介しています。

フレンチ

レシピ提案　『レ・クリスタリーヌ』田中彰伯シェフ

桜オードブル

簡単なのにおいしくて、すぐに出せるおつまみ感覚の5種類を盛り合わせに。それぞれ味わいや調理法を変え、食べ飽きさせないことが盛り合わせの極意です。酸味、甘み、塩気、乳製品のコクなどを揃え、ワインにもぴったりな桜オードブルに仕立てました。

大根のサラダ 桜のドレッシング和え

■材料（２人分）

大根…70ｇ
✽桜葉塩…ひとつまみ
ドレッシング
- 赤ワインビネガー…15㎖ Point
- ✽桜葉塩…ふたつまみ
- サラダ油…120㎖
- 胡椒…適量

■作り方

1 大根はせん切りにし、桜葉塩でよくもんで5分おき、汁気を絞る。
2 材料を混ぜ合わせたドレッシング大さじ1で1を和える。

Point
酸味がまろやかな赤ワインビネガーを使う。色をつけたくない場合は、シェリービネガーがおすすめ。

桜のクリームチーズ

■材料（２人分）

クリームチーズ…50ｇ
✽桜花びら塩漬け…4ｇ
トマトペースト…小さじ1/2

■作り方

1 ボウルに常温に戻したクリームチーズと刻んだ桜花びら塩漬け、トマトペーストを入れ、よく混ぜ合わせる。

桜のポテトサラダ

■材料（２人分）

ジャガ芋…60ｇ
✽桜花びらフレーク…2ｇ
マヨネーズ…60ｇ

■作り方

1 ジャガ芋は茹でて1.5cm 角に切り、桜花びらフレークを混ぜ合わせたマヨネーズで和える。

ナスと桜葉塩のマリネ

■材料（２人分）

ナス（半月切りのスライス）…70ｇ
✽桜葉塩…ふたつまみ
胡椒…適量
オリーブオイル…10㎖
パセリ、チェリートマト…各適量

■作り方

1 ナスは縦半分に切ってスライスしたものを用意し、ボウルに入れ、桜葉塩、胡椒、オリーブオイルを加えてよく混ぜ合わせる。
2 しんなりとしてきたら器に盛り、パセリ、チェリートマトを飾る。

桜のチョコレート

■材料（２人分）

板チョコレート…50ｇ
✽桜花漬…適量

■作り方

1 クッキングシートの上に板チョコをのせ、電子レンジ（700ｗ、約1分30秒）にかけ、チョコレートを溶かす。
2 チョコレートが溶けたら、少しのばし、桜花漬の花びらを摘み、適当な間隔で上にのせ、冷蔵庫に入れて冷やし固める。

✽ 桜 Memo

「桜花びら塩漬け」は桜の花びらを塩漬けにしたもので、「桜花漬」は桜の花を丸ごと塩漬けにしたもの。「桜花びら塩漬け」はやや酸味があるため、酸味を利かせたサラダやクリームチーズに使用。酸味を必要としないチョコレートには、酸味のない「桜花漬」の花びらを摘んで使用。どちらも洗ってしまうと、塩気や香りが飛んでしまうので、洗わずにそのままの味を生かしたい。

LES
CRISTALLINES

鶏肉の桜フリット 桜マスタード添え

フリットはフランス語で“揚げ物”のこと。今回は、家庭の食卓にのぼることの多いチキンカツとから揚げを桜の香りでアレンジ。衣だけでなく、下味にも桜を忍ばせました。桜あんをハチミツがわりに使ったハニーマスタード風ソースと桜葉塩でどうぞ。

■材料（3人分）

鶏ムネ肉の桜カツ
- 鶏ムネ肉…120g
- 塩、胡椒…各適量
- 小麦粉、溶き卵…各適量
- A
  - ドライパン粉…60g
  - ✽桜花びらフレーク…5g
  - ✽乾燥 桜の葉きざみ…5g

鶏モモ肉の桜から揚げ
- 鶏モモ肉…120g
- B
  - ✽桜あん…70g
  - ✽桜葉塩…2つまみ
  - 塩、胡椒…各適量
  - コーンスターチ（もしくは片栗粉）…適量

サラダ油（揚げ油）…適量
せん切りキャベツ、チェリートマト、パセリ、レモン…各適量

桜マスタード
- ✽桜あん…50g
- ディジョンマスタード…50g

✽桜葉塩…適量

■作り方

1 桜カツを作る。Aの材料を合わせておく。鶏ムネ肉を3つに切り、塩、胡椒して小麦粉、溶き卵、Aの順につけ、180℃に熱した油でカラリとなるまで揚げる。

2 桜から揚げを作る。鶏モモ肉はひと口大に切ってボウルに入れ、Bの材料を加えてよくもみ込む（Point）。全体になじんだらコーンスターチをまぶし、180℃に熱した油でカラリとなるまで揚げる。

3 器にせん切りキャベツをのせ、1と2を盛り、チェリートマト、パセリ、レモンを添える。別に桜あんとディジョンマスタードを混ぜ合わせた「桜マスタード」、桜葉塩を添える。

Point

桜あんは粘度があるので、よくもみ込む。

✽ 桜 Memo

- 「桜の花びらフレーク」と「乾燥 桜の葉きざみ」をパン粉に混ぜるだけで、衣に香りと風味がついて“変わり揚げ”を作ることができる。
- 「桜あん」の甘みをみりん替わりに活用。「桜葉塩」と合わせて使い、から揚げの甘辛い下味に活用。

桜とジャガ芋のポタージュ

定番のポタージュに桜花の塩漬けを混ぜ込んで、ほんのりと桜の香りと風味を忍ばせました。浮き実にはピンク色も華やかな桜花のフレーク。作り方はシンプルながら、おもてなしにも、お祝いの席にも向くスープです。温かいままでも冷たくしてもおいしくいただけます。

■材料（約10人分）
ジャガ芋（スライス）…400ｇ
玉ネギ（スライス）…200ｇ
バター…50ｇ
水 …1ℓ
チキンブイヨン（固形）…1個
✽桜花漬…10ｇ
✽桜花びらフレーク（浮き実）…適量

■作り方
1 鍋にバターを入れて火にかけ、バターが溶けたらスライスした玉ネギを入れ、色がつかないようによく炒める。
2 玉ネギがしんなりとしたら、スライスしたジャガ芋を入れて軽く炒め、水とチキンブイヨンを加えてジャガ芋がやわらかくなるまで煮る。
3 ジャガ芋がやわらかくなったら火からおろし、粗熱をとってから桜花漬を入れ、ミキサーにかけてなめらかにする。
4 3を鍋に戻し入れて温め、塩で味を調える。器に盛り、桜花びらフレークを浮かべる。

✽ 桜 Memo
・「桜花漬」は火にかけると香りがとぶので、ミキサーにかける時に加える。
・そのまま食べられる「桜花びらフレーク」はスープの浮き実に最適で、桜の余韻が残る。

Point
・ジャガ芋の料理には胡椒を使わない。胡椒の強い風味で、ジャガ芋の香りがなくなってしまうため。
・冷たくして「ビシソワーズ」にしてもおいしい。温かいポタージュよりややかために仕上がるので、水分量はやや多めに調節する。

シェフとお店の紹介

田中彰伯《あきのり》シェフ
15歳からフランス料理の世界に入り、23歳でフランスへ。シェフを務めた南フランスの『レ・サントン』ではミシュランの一つ星を獲得。帰国後、1993年に東京・南青山『レ・クリスタリーヌ』を開く。軽妙な語り口と家庭向けにアレンジしたレシピにもファンが多く、雑誌やテレビで活躍する。

『レ・クリスタリーヌ』

フランス料理の古典に精通したシェフがつくる、正統派フレンチがリーズナブルに食べられる店として人気。系列店に『コンコンブル』、『クレッソニエール』がある。

❖東京都港区南青山5-4-30　カサセレナ1F　❖03-5467-3322

イタリアン

レシピ提案　『アル・ケッチァーノ』奥田政行シェフ

アスパラとさくらのカルボナーラ

“春の里山”をイメージし、桜の花と葉、アスパラガスで春を感じさせるひと皿に。ソースは、桜花漬を煮出した生クリームをベースにしています。アスパラガスは皮も生かし、こちらもさくらの香りを移して風味よく仕上げました。

■材料（1人前）

フジッリ（マカロニ）…35g
アスパラガス…3本
生クリーム…70㎖
✼桜花漬…10g
粉チーズ（グラナ・パダーノ）…20g
バター…6g
全卵…1個
卵黄…1個分
✼桜葉漬…適量

✼ 桜 Memo

「桜花漬」の塩を料理に生かすのも手。桜の移り香がふわっと香る。

■作り方

1 アスパラガスは皮をむき、3cm長さに切って塩茹でし、水気をきる。皮は捨てずにトッピングに使用する。
2 鍋に生クリームを入れて加熱し、桜花漬を加えて軽く煮出し、漉す。
3 フジッリは塩を加えたお湯で茹で、塩を加えないお湯に通し、塩気をとる。
4 2の液体分をフライパンで温め、3を加えて和える。火を止めて粉チーズを加え混ぜ合わせる。
5 バター、全卵をボウルに入れて混ぜ合わせ、4を加えてよく和える。フライパンに戻し、1を加え、弱火で温めながら和える。
6 5をボウルに移し、温かいうちに卵黄を加え、混ぜ合わせる（Ⓟoint A）。
7 1の皮をフライパンで、やや焦げるくらいまでしっかりと焼き、1で残った桜の花びらを加えて軽く炒め合わせる（Ⓟoint B）。
8 皿に「桜葉漬」を敷き、6をのせる。その上に7を飾る。

Ⓟoint

A 全卵と卵黄を分けて段階的に加えることで、重厚な味わいに仕上げる。
B 漉して残った桜の花びらを加えることで、水分と風味をアスパラガスの皮に移す。

シェフとお店の紹介

奥田政行シェフ
1969年、山形県鶴岡市生まれ。2000年にイタリア料理店『アル・ケッチァーノ』を出店し人気店に。現在姉妹店やプロデュース店も多数。「食の都庄内」親善大使として、庄内地方の食材の知名度アップ、販路拡大にも尽力する。

『アル・ケッチァーノ』

食の宝庫として知られる山形県庄内地方。この地で生まれ育った奥田シェフが、地元の生産者のもとを訪ね歩いて掘り起こした食材を巧みに用い、その味わいを最大限に引き出した料理を次々と提案して評判に。

❖山形県鶴岡市下山添一里塚83　❖0235-78-7230

濃厚なウニのスパゲッティーニ さくらの葉の苦みですっきりと

ウニを加えたトマトソースと、生クリームとチーズのソースの2種類のソースを使った濃厚なパスタ。桜の葉の塩漬けを刻んだ「桜の葉ミンチ」の塩気と渋み、飾りとしても楽しませる桜の花の酸味がよく合います。

■材料（2人前）

スパゲッティーニ…160g
生クリーム…120mℓ
粉チーズ（ペコリーノ・ロマーノ）…45g
ピュアオリーブオイル…適量
ニンニク（みじん切り）…5g
ホールトマト…60g
ウニ…60g
黒胡椒…適量
✽桜の花フリーズドライ…適量
✽桜の葉ミンチ…16g
ウニ（飾り用）…適量

■作り方

1 クリームソースを作る。鍋で生クリームを加熱し、沸騰したら火から下ろし、粉チーズを加え余熱で溶かす。
2 トマト・ウニソースを作る。1とは別の鍋にオリーブオイルをひき、ニンニクのみじん切りを炒める。香りが出たらホールトマトを加えて加熱し、ウニを加えて火を止め、ざっくりと混ぜる（Point）。
3 スパゲッティは塩を加えたお湯で茹で、茹で上げたら塩気を加えないお湯に通し、塩気をとる。
4 3を1で和えて皿に盛り、2と潰した黒胡椒をかける。「桜の花フリーズドライ」を飾り、「桜の葉ミンチ」とウニを添える。

Point

ウニは加熱しすぎると臭みが出るので、火を止めてから混ぜる。

桜 Memo

・「菜の花フリーズドライ」はきれいに花の形を保っており、飾り付けにもぴったり。
・「桜の葉ミンチ」は濃厚な風味と塩気が味のアクセントになる。

さくらの葉のリゾットと揚げ穴子

「穴子の茶漬け」をヒントに、和風にアレンジしたリゾット。塩漬けの桜の葉を乾燥させたものを煮出し、香りと旨みの出た煮汁でリゾットを炊きます。さらに揚げた穴子に桜の香りの塩をふり、トッピングにも炒った桜の葉を使うことで、口の中で桜が香ります。

■材料（1人前）

リゾット用の米（※）…50ｇ
水…160mℓ
✽乾燥 桜の葉きざみ…3ｇ
穴子…40ｇ
薄力粉…適量
✽桜花漬（塩部分）…適量
✽乾燥 桜の葉きざみ（仕上げ用）…0.5ｇ
塩…少々
EXV オリーブオイル…適量

■作り方

1 鍋に水を張り、乾燥桜の葉きざみを入れる。中火で90℃位まで熱し、4分程加熱する（Point）。
2 火を止め、蓋をして3分ほど蒸らし、漉す。
3 2の液体分を別の鍋に入れて沸かし、リゾット用の米を加えてやや固めに炊き上げる。
4 穴子はひと口大に切り、薄力粉をまぶし、180℃の油でかるく色づくまで揚げる。桜花漬の塩を、軽くふる。
5 仕上げ用の乾燥桜の葉きざみは、軽く乾煎りし、香りがたったら塩少々をふる。
6 皿に3を盛り、4をのせる。5を散らし、オリーブオイルをかける。

Point
桜の香りが飛ばないように、沸かさず90℃程度で加熱。香りよりも味を出したい場合は、より高い温度で加熱するとよい。

✽桜 Memo
「乾燥 桜の葉きざみ」を、だし用とふりかけ用の2通りの使い方で使用し、旨みと香りを引き出す。

※リゾット用の米

■材料（1回で仕込むのに適した量）

米…500ｇ
ブイヨン…525mℓ
玉ネギ（みじん切り）…30ｇ
ニンニク（みじん切り）…15ｇ
ローリエ…1～2枚
塩…少々
胡椒…少々
ピュアオリーブオイル…90mℓ

■作り方

1 オーブン対応の鍋でオリーブオイルを熱し、ニンニク、玉ネギの順に炒める。
2 玉ネギがすき通ってきたら米を加え、よく炒め合わせる。
3 別鍋にブイヨン、ローリエを入れ、火にかける。
4 2の米の表面が透き通ってきたら、塩少々をふり、3を加えてまんべんなく混ぜ合わせる。
5 オーブン対応の蓋をアルミホイルで覆い、その蓋で鍋を完全に密閉し、200℃のオーブンで約15分加熱する。
6 米に火が通ったらオーブンから取り出し、蓋をした状態でガスの強火で5秒間加熱する。
7 氷を張ったボウルに、一回り小さいボウルを重ね、6の米を移し入れる。塩、胡椒をし、風をあてながら、米一粒一粒をばらすように素早く混ぜる。
8 あら熱が取れたら、手で米粒をほぐし、パラパラの状態に仕上げる。

中　華

レシピ提案　『中国菜 老四川 飄香《ピャオシャン》 麻布十番本店』井桁良樹シェフ

桜香るエビマヨ

人気料理のエビマヨを桜の香り豊かに仕上げました。衣に桜葉パウダーを加えて揚げると、色も香りも一層引きたちます。マヨネーズソースには桜花でほんのり色づけ。エビとよく合う甘酸っぱいフルーツと一緒にどうぞ。

■材料（2人分）

むきエビ…6尾

A
- 塩・胡椒…各少々
- 紹興酒（または酒）…小さじ1/2
- 片栗粉…小さじ1

B
- マヨネーズ…100g
- 練乳…大さじ2
- 生クリーム…大さじ2
- ✽桜花ミンチ…小さじ2
- 胡椒…少々
- レモン汁…小さじ2

C
- 小麦粉…40g
- 片栗粉…小さじ1
- ベーキングパウダー…小さじ1/2
- ✽桜の葉パウダー…小さじ1
- 水…60mℓ
- サラダ油…大さじ1/2

揚げ油…適量
メロン…適量
カシューナッツ（みじん切り）…大さじ1
香菜…適宜

■作り方

1 むきエビは水洗いをして水気をふく。背開きにして背ワタをとり、A で下味をつけておく。
2 ボウルに B を合わせてマヨネーズソースを作る。
3 ボウルに C を合わせて衣を作る。
4 1のむきエビを3にくぐらせて180℃の油でからりと揚げる（Point A）。
5 冷たいフライパンに2のマヨネーズソースを入れて中火にかけ、ソースが軽く温まったら火を止める（Point B）。
6 器に食べやすく切ったメロン（Point C）を並べて4を盛り、5をまわしかける。カシューナッツと香菜をちらす。

Point

A　二度揚げするとカリッと揚がる。最初は表面をかためる程度に揚げ、少し冷めてから、油の温度を少し上げ、短時間で揚げる。
B　必ず冷たいフライパンに流して加熱する。マヨネーズは油分が多く、高温では油分が溶けてしまう。全体がなじんでツヤが出る程度がベスト。
C　メロンのほか、マスカットなど、甘酸っぱいものもおすすめ。

✽ 桜 Memo

「桜の葉パウダー」は、小麦粉と合わせて揚げ衣にすることで、色も香りも引き立つ。揚げ衣の他に、様々な生地に活用可能。「桜の葉パウダー」や「桜の花パウダー」に塩を合わせて香り塩にも。

シェフとお店の紹介

井桁《いげた》良樹シェフ

『中国菜 老四川 飄香』オーナーシェフ。調理師専門学校卒業後、千葉・柏『中国料理 知味斎』などを経て中国へ。本場四川で学んだ伝統的な味・技を礎に独自のセンスを融合させた、奥深い味わいの四川料理が人気。

『中国菜 老四川 飄香《ピャオシャン》 麻布十番本店』

古きよき四川料理をベースに、辛いだけではない芳醇で奥深い味わいを日本人の感性で再現した、オリジナルの料理が人気。店内は開放感があり落ち着いた雰囲気。他に、銀座三越にも支店がある。

❖東京都港区麻布十番1-3-8　FプラザB1　❖03-6426-5664

桜のもち米蓮根

もち米を詰めた蓮根の甘煮を桜の花びら入りの優美なソースでいただきます。作りおきできるので、ちょっとしたおもてなしや、前菜、お節料理の一品にどうぞ。ソースに氷砂糖を使うのが上品な甘みに仕上げるコツです。

■材料（2～3人前）

蓮根（1節）…360g
もち米…40g
生姜（厚めのスライス）…1枚
水…1ℓ
氷砂糖…200g
✽桜花漬…20g
✽桜葉漬…12枚
✽桜花漬（ソース用）…5g
水溶き片栗粉…小さじ1と1/2

■作り方

1 もち米をといで、一晩水に漬けておく。
2 桜葉漬は、ぬるま湯に30分ほど浸して塩抜きする。桜花漬もぬるま湯に浸し、軽く塩抜きをする。
3 蓮根は皮をむいて酢水にさらし、さっと茹でる。蓮根の穴に1を竹串などを使って8割程度詰め入れ、蓮根の切り口を生姜のスライスでふさいで楊枝をさして留める（Point A）。
4 鍋に分量の水と氷砂糖を合わせて火にかける。氷砂糖が溶けて沸いてきたら3の蓮根を入れ、弱火にして1時間ほど煮て火を止め、2の桜花漬を加える（Point B・C）。
5 ソースを作る。4の煮汁300mlを花びらごと鍋に移し入れて火にかけ、水溶き片栗粉でとろみをつけたら、色が飛ばないよう、すぐに氷水にあてて冷やす。
6 4の蓮根が冷めたら、2の桜葉漬で全体を巻いてラップで包んで冷蔵庫で10分以上冷やして落ちつかせる。
7 6を1cm厚さにスライスして器に盛り、5をかける。

Point

A もち米を詰めるのは8割程度が適量。いっぱい詰めると、もち米が膨張して蓮根が割れてしまう。
B 桜の花は、加熱しすぎると色がとぶので気をつける。
C シロップ煮の状態で冷蔵すれば4～5日ストック可能。

✽ 桜 Memo

「桜花漬」は、戻したときの桜色の花びらの美しさが身上。そのままソースや飾りに用いるとよい。塩気は用途に応じて抜く。ここでは甘いソースのアクセントとしてほのかな塩気を残す程度にした。

3

4

5

6

桜の鶏チャーシュー丼

桜のコンフィチュールで照りよく焼きあげた鶏モモ肉と、爽やかな桜葉の香りの飯がベストマッチ。ほんのり塩気のきいたご飯に、かぼすを搾るとまた違った味わいが楽しめます。鶏肉のかわりに豚肉で作ってもおいしい。

■材料（２人前）

鶏モモ肉…2枚（約500ｇ）

A
- ✽桜のコンフィチュール…大さじ2
- 甜麺醤…大さじ1/2
- 塩麹（市販品）…小さじ1
- 玉ネギ（みじん切り）…大さじ3
- ウィスキー（または焼酎）…小さじ2
- 醤油…小さじ2
- 砂糖…大さじ2
- 塩…小さじ1
- 五香粉…少々
- ゴマ油…小さじ1
- ニンニク（みじん切り）…小さじ1

✽桜のコンフィチュール（仕上げ用）…大さじ2

温かいご飯…360g

✽桜の葉ミンチ…小さじ1

かぼす…1個

■作り方

1 鶏モモ肉は厚みのある部分に包丁を入れて切り開き、筋を取り除いてフォークでまんべんなく刺す。

2 ボウルにAを入れて混ぜ合わせ、1を加えてよくもみ込む。

3 天板にオーブンシートをしき、2を皮目を上にして置き、竹串を通す。200℃に予熱したオーブンで10～12分、こんがりと焼く（Point A・B）。

3

4 仕上げに桜のコンフィチュールを鶏肉の皮目にぬり、200℃で約3分焼く。

5 4の鶏肉を取り出し、食べやすくひと口大に切り分ける。

6 温かいご飯に桜葉ミンチを加えて混ぜる。

7 器に6を盛り、5をのせてかぼすを添える。

✽ 桜 Memo

・「桜の葉ミンチ」は、芳香と塩気を生かすことがポイント。調味料やハーブの感覚で使うとよい。麺類にも合う。

・「桜のコンフィチュール」は、甘みと色、香りを生かす。ここでは肉の下味と仕上げの両方に使い、桜の香りをアピール。

Point

A 豚肉で代用することも可能。その場合は焼き方を変え、210℃・18～20分程度にするとよい。

B 竹串を刺しておくと、加熱したときに反り返らず、きれいに焼きあがる。

和食

レシピ提案　『六雁』秋山能久 総料理長

鯛のさくら煮

桜の季節に産卵期で脂が乗り、「さくら鯛」と呼ばれて珍重されている真鯛。さらに桜の葉で包んで炊き上げることで桜の香りをまとわせ、より季節を感じさせる煮物に仕上げました。ピンク色が鮮やかな桜の花パウダーをあしらい、ご馳走感を高めます。

■材料（1人分）

マダイの頭…1/2個（360g）
✽桜葉漬…10枚
酒…250㎖
昆布だし…150㎖
塩…4g
砂糖…25g
うす口醤油…小さじ1/2
✽桜葉漬（飾り用）…適量
✽桜の花パウダー…適量

■作り方

1 マダイの頭は半分に割り、湯通ししてから水洗いする。
2 桜葉漬は、水に10分ほど漬けて塩抜きし、水気を切る（Point A）。
3 鍋底に2を敷き、1をのせる。さらに真鯛の頭を覆いかぶせるように上からも2をのせる。酒、昆布だし、塩、砂糖、うす口醤油を加え、落し蓋をして強火で7～8分炊く（Point B）。
4 皿に桜葉漬を敷き、3をのせる。桜の花パウダーをあしらう。

Point

A 調味のバランスを崩さないように、しっかり塩抜きしてから使用する。
B 桜葉漬に残った塩気を考慮し、やや塩分控えめに調味する。

3

✽桜 Memo

・「桜葉漬」との相性を考慮し、煮汁は甘さを控えて塩味で調味。
・「桜の花パウダー」はほのかな塩味で香りがよく、味を邪魔せずに華やかな彩りを加えられる。

シェフとお店の紹介

秋山能久《よしひさ》 総料理長

『割烹すずき』、『月心居』を経て、2005年『六雁』に入店。同店の総料理長として腕を振るう傍ら、国内外の料理学会で講演を行うなど幅広く活躍し、気鋭の若手料理人として注目を集める。全国各地の生産者とつながり、食を通した地方活性化にも力を注ぐ。

『六雁』

古典を紐解きつつ、最先端のプレゼンテーションで魅せる独自の料理で評判を集める日本料理店。全品野菜のみの「お野菜コース」、厳選食材の「極コース」等を提供する。
❖東京都中央区銀座5-5-19　銀座ポニーグループビル6～8F
❖03-5568-6266

白身魚のさくら〆

昆布の代わりに桜葉漬を使い、昆布〆の要領で白身魚を〆た刺身料理。桜の葉の香りがほのかに白身魚に移り、上品な味わいに仕上がります。桜の花をフリーズドライにした、ほのかな甘さと香りのある桜の花クランチと一緒にどうぞ。

■材料（2人分）

白身魚の刺身（写真はマダイ）…6枚分
塩…適量
✽桜葉漬…8枚
✽桜葉漬（飾り用）…適量
✽桜の花クランチ…適量
わさび…適量

■作り方

1 白身魚は、サク取りして皮をひき、3～4㎜幅で切る。
2 1の両面に塩を軽くふり、20分ほど置く（Point A）。
3 桜葉漬は、軽く洗い水気をきる。
4 まな板の上に3を隙間なく敷き、2をのせる。上から残りの3で覆う（Point B）。
5 4を冷蔵庫に保存し、半日以上寝かせる。
6 皿に桜葉漬を敷き、5の刺身をのせる。桜の花クランチ、わさびを添える。

4-1

4-2

Point

A 桜葉漬の塩分を考慮し、控えめに塩をふる。
B 刺身全体が桜葉漬に接するように並べる。

✽ 桜 Memo

・「桜葉漬」の塩気と香りを活かし、昆布の代わりとして使用。
・桜花ペーストをフリーズドライ加工し、1～3㎜の粗粒状にした「桜の花クランチ」は、水気を吸うため素材にかけずに添える。

■材料（6人分）

高野豆腐…3枚
カツオだし…360㎖
うす口醤油…30㎖
味醂…10㎖
酒…10㎖
さくら味噌※…12～18g
桜の花シロップ漬…花3個分
✽桜葉漬…適量
✽スナップエンドウ…適量

■作り方

1 高野豆腐は、戻して一度お湯でさっと炊き、軽く絞る（Point A）。
2 鍋にカツオだし、うす口醤油、味醂、酒を入れ、1を加える。10分ほど弱火で炊く。火を止め、煮汁に高野豆腐を漬けたまま冷ます。
3 煮汁から高野豆腐を引き出し、ひと口大にカットする。
4 桜葉漬は、水に10分ほど漬けて塩抜きし（Point B）、水気をふいて170℃で素揚げする。
5 皿に3を置き、さくら味噌、桜の花シロップ漬、茹でて斜めに切ったスナップエンドウをのせる。4を添える。

※さくら味噌

■材料
（1回で仕込むのに適した量：20～30人分）
西京味噌…50g
✽桜葉漬…10g

■作り方
1 桜葉漬は、水に2～3分さらし、水気をきる（Point B）。
2 1を刻み、西京味噌と混ぜ合わせる。

Point

A 下茹でをすることで高野豆腐の臭みやえぐみを取りのぞく。
B 余分な塩分を抜いてから使用する。

✽ 桜 Memo

・「桜葉漬」は味噌に練りこんで風味付けに。また素揚げして飾りとしても活用。
・「桜の花シロップ漬」は、飾りとして華やかな見た目と、甘さと香りをプラスする。

さくら味噌

白味噌と桜葉漬を練り合わせた「さくら味噌」は、上品かつ豊かな味わいが特徴です。大根や筍など根菜類と相性がよく、まとめて作っておけば様々な料理と組み合わせられます。ここでは高野豆腐に添え、またシロップ漬けの桜花を飾って、華やかで春らしい一品に仕上げました。

桜のボストック

おいしい桜クッキング

パン

レシピ提案　『サ・マーシュ』西川功晃 シェフ

シェフとお店の紹介

オーナーシェフ 西川功晃《たかあき》

日本国内をはじめ、フランスでも修業を積む。帰国後、神戸『コム・シノワ』荘司索シェフと『ブランジェリー コム・シノワ』を立ち上げ、その後独立。北野『サ・マーシュ』開店。遊び心と鋭い感性から生まれるパンや菓子が注目。

『サ・マーシュ』

ベーシックなものから創作パンまでバラエティ豊かなパンに出会える店として人気。パンのおいしさはもちろん、スタッフが個別に対応する対面方式が話題を呼ぶ。テラスも併設。

❖ 兵庫県神戸市中央区山本通3-1-3

❖ 078-763-1111

写真の「桜ゼリーあんパン」と「桜のボストック」は、どちらも同じブリオッシュ生地を展開したものです。桜葉漬のミンチを練り込み、ふわっと広がる桜の風味と、ふんわりした食感が魅力です。それぞれの展開は、次ページで紹介しています。

基本の桜ソフトブリオッシュ生地

■材料（作りやすい分量）

強力粉…250g
塩…4g弱
グラニュー糖…50g
インスタントドライイースト…4g
牛乳…100㎖
✿桜葉ミンチ…7～8g
全卵…38g
卵黄…31g
バター（食塩不使用）…75g

■作り方

〈こねる〉

1 ボウルに強力粉、塩、グラニュー糖を合わせて、カードでざっと混ぜ、ドライイーストを加えてしっかり混ぜる。
2 牛乳を加える。一度に加えず、生地のかたさをみながら加え、生地の調節用に少し残しておく。
3 全卵と卵黄を加えて、カードでよく混ぜたら、残りの牛乳を加えながら、耳たぶのかたさくらいになるよう調整する。
4 生地に水分が十分にいきわたったら手でこね、台に取り出して（打ち粉はせずに）手の腹で生地を押しつけるようにしてこねる。
5 生地に粘りが出てきたらカードで生地を集めてまとめ、台に打ちつける作業を繰り返し、コシのある生地にする。
6 生地がなめらかになり、薄くのばせるくらいになったら、生地を広げてバターを塗る。
7 生地をカードで何度も切り重ねながら小片にする。重ねた生地を手で押しつけながら、こねる→広げる→打ちつける、を繰り返してなめらかにする。生地をのばしてみて、指が透けてみえる程度になればよい。
8 生地に桜葉ミンチを広げ、切っては重ねてを繰り返し、桜葉ミンチが生地に行き渡るまで練り込む。

〈発　酵〉

9 こねあがった生地をひとまとめにし、とじ目を下にしてバットに入れ、ラップをふんわりかけて26℃で30～40分おく。
10 生地が1.5倍くらいにふくらみ、ふっくらと弾力が出れば、発酵完了。基本の生地の完成。

桜ゼリーあんぱん

桜のボストック

元々は残ったブリオッシュをおいしく食べるためにアレンジして生まれたのがボストック。パンのようなお菓子のようなリッチな味わいが魅力です。ここでは、生地、シロップ、クリーム、仕上げまで、すべての工程で桜の食材を使用。見た目はもちろん、口に入れると桜の香りが広がります。

■材料（4～5個分）

桜ムスリーヌ（直径10㎝×高さ12㎝）※ …1本

桜シロップA…1個につき40g
- シロップ（砂糖1：水2の割合で作ったもの）…250g
- ✽Wサクラ・プラス…10g

桜シロップB（打ちこみ用）…1個につき6g
- シロップ（砂糖1：水1の割合で作ったもの）10g
- ✽Wサクラ・プラス…20g

桜のダマンドペースト（1個につき25g）
- グラニュー糖…100g
- アーモンドプードル…100g
- 全卵…120g
- ✽桜の花パウダー…10g
- ✽桜あん…200g

粉糖…適量

桜の粉糖（仕上げ用）
- 粉糖…100g
- ✽桜の花パウダー…5g

■作り方

〈下準備〉

1 桜シロップA、Bの材料をそれぞれ合わせておく。桜のダマンドペーストの材料を混ぜ合わせておく。

〈ひたす〉

2 桜ムスリーヌを2.4㎝厚さにカットして、桜シロップAにひたし、中までシロップが浸透したら、余分なシロップを軽くしぼる。

3 桜シロップBをハケで片面にまんべんなく塗ったら、桜のダマンドペーストを塗る。

〈焼　成〉

4 3に粉糖をたっぷりとふり、200℃に予熱したオーブンで約15分焼き、粗熱をとる。

5 4に桜の花の紙型をおいて、仕上げ用の桜の粉糖をふる。

※桜ムスリーヌ

基本の桜ソフトブリオッシュ生地（P79参照）200gを直径10㎝×高さ12㎝程度の空き缶に入れ、28℃で30分発酵させ、190℃のオーブンで 約25分焼いたもの。

✽ 桜 Memo

- ムスリーヌをひたす桜シロップは、サバランをひたすシロップに使うと「桜のサバラン」に。
- パンではないが、桜シロップを凍らせてグラニテにすれば、桜の冷菓にもなる。

桜ゼリーあんパン

ポピュラーなおやつパン・あんパンを桜仕様にアレンジ。ほんのり塩気のきいた桜あんとプルンとした桜ゼリーを桜葉ミンチ入りの生地で包み込んで焼きあげました。食感の異なるあんとゼリーが一体になり、未体験のおいしさ。桜のエッセンスと遊び心あふれるあんパンです。

■材料（12個分）

基本の桜ソフトブリオッシュ生地
…全量（P79参照）
✽桜あん…1個につき30ｇ
桜ゼリー※ …1個につき30ｇ
溶き卵（仕上げ用）…適量
あられ糖・粉糖…各適量
打ち粉…適宜

■作り方

〈下準備〉

1 桜あんと桜ゼリーは、それぞれ30ｇずつに分割しておく。桜ゼリーは約3㎝×4㎝×1.5㎝厚さ程度に切り揃えるとよい。

〈ベンチタイム〉

2 基本の桜ソフトブリオッシュ生地をガス抜きして1個50ｇに分割して丸め、30分おく。

〈成　形〉

3 直径約10㎝の円形にのばし、桜ゼリー、桜あんの順にのせる。

4 生地の両端を合わせてゼリーとあんを包み、しっかり閉じる。

〈二次発酵〉

5 とじ目を下にしておき、軽く押さえて形を整えたら30分二次発酵させ、表面に溶き卵を塗って十字に切り込みを入れる。

〈焼　成〉

6 あられ糖と粉糖をたっぷりとふり、240℃に予熱したオーブンで約10分焼く。

※桜ゼリーの作り方

1 鍋に水250㎖と✽Wサクラ・ソース500ｇを合わせ入れ、アガー22ｇとグラニュー糖22ｇを合わせてから火にかけて溶かし、80℃まで加熱したら火を止める。

2 バットなどに入れて粗熱をとり（バットのサイズはゼリー液の深さが1.5㎝程度になるものを使用するとよい）、冷蔵庫で冷やし固める。

✽桜 Memo

「桜あん」は、和風のイメージがあるが、ダマンドペースト（アーモンドペースト）に加えれば、桜風味のダマンドペースト（「桜のボストック」参照）など、洋風のパンやお菓子にも活用できる。

スイーツ

レシピ提案　『カフェズ・キッチン』富田佐奈栄 学園長

桜シフォンケーキプレート

ふんわり軽い食感のシフォンケーキにほんのりとした桜色をプラス。桜のクッキーを飾った、かわいらしいデザートプレートです。旬のフルーツで季節ごとにアレンジを楽しんでも。

■材料（1人分）

桜シフォンケーキ ※1 …1/4切れ
ホイップクリーム（P83「甘酒桜シェイク」参照）…25g＋3g
イチゴ…1個（4等分にカット）
キウイ…1スライス
マンゴー…3カット
バニラアイスクリーム…18番ディッシャーで1つ
✽Wサクラ・ソース…10g
ミントの葉…適量
✽桜のハニーシロップ…適量
桜クッキー ※2 …3枚
粉糖…適量

■作り方

1 桜シフォンケーキは、切り込みを入れて器に盛り、切り込みを開いてホイップクリーム（25g）を絞り、フルーツを彩りよく飾る。
2 器の余白にホイップクリーム（3g）を絞り、バニラアイスクリームをのせ、Wサクラ・ソースをかけてミントの葉を飾る。桜のハニーシロップをかけ、桜クッキーを飾り、粉糖をふる。

✽桜 Memo

・ケーキやクッキーに桜の素材感を出したいときは、「桜の花ミンチ」を混ぜるのがおすすめ。
・アイスクリームには色みづけになる「W サクラ・ソース」、シフォンケーキにはちみつの甘さをつける「桜のハニーシロップ」と、目的によってソースを使い分けると、おいしさもアップ。

※2 桜クッキー

■材料（直径2.7㎝さくら型約55個分）

食塩不使用バター…50g
グラニュー糖…30g
全卵…25g
✽桜の花ミンチ…5g
A ┌薄力粉…70g
　 └食紅（赤）…0.3g

■作り方

1 ボウルに室温に戻したバターとグラニュー糖を入れてすり混ぜる。
2 溶きほぐした卵を1に2～3回に分けて加えながら混ぜる。
3 桜の花ミンチとふるい合わせたAを2に加え、さっくりと合わせる。
4 3をひとまとめにしてラップで包み、冷蔵庫で30分以上やすませる。
5 台に手粉（分量外）をふり、4を麺棒で5㎜程度の厚さにのばし、さくらの型で抜く。
6 5を天板に並べて、170℃のオーブンで7～10分焼く。

※1 桜シフォンケーキ

■材料（直径14㎝シフォン型1台分）

A ┌卵白…130g
　 └グラニュー糖…45g
B ┌卵黄…45g
　 └グラニュー糖…20g
米油…30㎖　（Point A）
✽桜の花ミンチ…9g
✽W サクラ・ソース…7g
薄力粉…75g

■作り方

1 ボウルにAを入れて泡立て器で泡立て、メレンゲを作る。（Point B）。
2 別のボウルにBを入れ、泡立て器ですり混ぜる。
3 2に米油、桜の花ミンチ、W サクラ・ソースを加え、やさしく混ぜる。
4 3にふるった薄力粉を加えて混ぜ、1を3回に分けて加え、ゴムベラで混ぜる（Point C）。
5 シフォン型の内側に霧を吹き、4を流して、170℃のオーブンで30～35分焼く。
6 5を逆さまにして完全に冷まし、型から抜く。

Point

A 米油以外でも植物油ならOK。マイルドな米油を使うとあっさり仕上がり、桜の香りが引きたつ。
B メレンゲを硬く立てすぎると、生地がパサパサに。つのの先が曲がる程度を目安に泡立てる。
C メレンゲの泡がつぶれないよう、切るように混ぜる。

桜あん&アーモンドミルクシェイク

桜葉入り桜あんを混ぜて、まったりとした舌触りと桜の香りを魅力にしました。どこか和の趣がある、大人も楽しめるシェイクです。

■材料（1人分）

A
- アーモンドミルク…130㎖
- 桜あん…20g
- メープルソース…8g（Point）

氷（キューブ）…5～6個
ホイップクリーム（「甘酒桜シェイク」参照）…10g
かのこ豆ミックス…10g（7粒）
✿Wサクラ・ソース…5g
✿桜花びらFDフレーク…0.1g
ミントの葉…適量

■作り方

1 ミキサーにAを入れ、全体が均一になるまで撹拌する。
2 グラスに氷を入れて1を注ぎ、ホイップクリームを絞り、かのこ豆ミックス、Wサクラ・ソース、桜花びらFDフレーク、ミントの葉を飾る。

Point
メープルソースで自然な甘みに。

✿ 桜 Memo
・「桜あん」をドリンクに加えることで濃度が増し、なめらかな舌触りが生まれる。
・「Wサクラ・ソース」は色味が濃く粘度もあるので、仕上げにかけると見た目の美しさがアップ。

甘酒桜シェイク

桜の香りによく合う、甘酒とイチゴを組み合わせたシェイク。牛乳の代わりにアーモンドミルクを使い、すっきりとした味わいに。

■材料（1人分）

A
- 甘酒…90㎖
- アーモンドミルク（砂糖不使用）…90㎖
- ✿Wサクラ・ソース…10g
- メープルソース…10g
- イチゴ（冷凍）…50g
- フルーツグラノラハーフ…10g
- 氷（キューブ）…3個

ホイップクリーム※…20g
フルーツグラノラハーフ（トッピング）…15g
✿桜花びらFDフレーク…0.1g
ミントの葉…適量
※**ホイップクリーム**…35%生クリーム+6%加糖で、八分立てにする。

■作り方

1 ミキサーにAを入れ、氷が砕けて全体が均一になるまで撹拌する。
2 グラスに注ぎ、ホイップクリームを絞り、フルーツグラノラ、桜花びらFDフレーク、ミントの葉を飾る。

✿ 桜 Memo
「Wサクラ・ソース」は甘みよりも色づけとして使用。甘酒の甘さを生かしながら、淡い桜色に。

桜ミルクのレアチーズケーキパフェ

とろりとなめらかなレアチーズのムースに、桜花のクランチのサクサクした食感がアクセントを添えます。レアチーズムースにもWサクラソースを混ぜて淡い桜色をつけ、やさしい彩りを魅力にしました。

■材料（1人分）

ストロベリーアイスクリーム
…20番ディッシャーで1つ
プレーンヨーグルト…60g
バニラアイスクリーム
…20番ディッシャーで1つ
コーンフレーク…12g
✽Wサクラソース…13g
ホイップクリーム…20g
桜ミルクのレアチーズムース※…1個
イチゴ…2個分（縦半分にカットする）
キウイ…輪切り1枚分を4等分
✽桜花FDクランチ…0.5g
ミントの葉…適量

■作り方

1 グラスにストロベリーアイスクリーム、ヨーグルト、バニラアイスクリーム、コーンフレークの順に入れ、まわりにWサクラソースをかける。
2 上からホイップクリームを絞ってふたをし、中央に桜ミルクのレアチーズムースをのせ、イチゴとキウイを飾る。
3 トップに桜花FDクランチをふり、ミントの葉を飾る。

Point
パフェの盛り付けは、最後まで飽きずにおいしく食べられるようバランスをとるのがコツ。中ほどにヨーグルトやゼリーなど、さっぱりしたものを入れるとよい。

※桜ミルクのレアチーズムース

■材料（直径5.5㎝×高さ5㎝プリンカップ3個分）

A
クリームチーズ（室温に戻したもの）…125g
35%生クリーム…50㎖
プレーンヨーグルト…25g
コンデンスミルク…50g
Wサクラ・ソース…15g

35%生クリーム…50㎖
板ゼラチン…4g

■作り方

1 ボウルにAを入れて、全体を均一に混ぜる。
2 別のボウルに生クリームを入れて湯煎にかけ、適量の水でふやかしておいたゼラチンを加えて混ぜる。
3 2を1に入れてやさしく混ぜ、漉し器で漉す。
4 3をプリンカップに流し、冷蔵庫で冷やし固める。

✽桜Memo
「Wサクラ・ソース」は、自然な色合いになるよう、少量加えるのがポイント。

桜モンブランパフェ

満開の桜をイメージした、華やかな盛り付けのパフェ。マロンペーストの代わりに桜あんを使ったモンブランクリームは、和菓子を思わせる味わいです。クリームの中からマフィンが出てくる仕掛けもあって、食べる楽しさもいっぱい！

■材料（1人分）

✽桜ダイスカットゼリー…40g
ホイップクリーム…20g＋8g
バニラアイスクリーム
　…20番ディッシャーで1つ
✽Ｗサクラ・ソース…15g
マフィン（直径6㎝×高さ4㎝）…1個
✽桜ハニーシロップ…大さじ1
桜モンブランクリーム（※）…105g
✽桜花FDクランチ…0.1g
✽桜花FDホール…1個

■作り方

1 グラスに桜ダイスカットゼリーを入れ、ホイップクリーム（20g）を絞り、バニラアイスクリームをのせてまわりにＷサクラソースをかける。
2 マフィンに桜ハニーシロップをかけ、1の真ん中にのせる。
3 モンブラン口金をセットした絞り袋に桜モンブランクリームを入れ、マフィンを覆うように絞る。
4 トップにホイップクリーム（8g）を絞り、桜花FDクランチをふって桜花FDホールを飾る。

※桜モンブランクリーム

✽桜あん100gに35%生クリーム5gを合わせる（Point）。

Point
生クリームは桜あんをのばす程度の量にして、硬めに作ると、絞ったときに型崩れしない。

✽桜Memo

マフィンに「桜ハニーシロップ」をかけておくと、パサつきが防げる。また、モンブランクリームをマフィンに密着させる役割も。

スクールと学園長の紹介

富田佐奈栄 学園長

カフェ開業スクール『カフェズ・キッチン』学園長、日本カフェプランナー協会会長。開業指導のほか、各メディアへの出演や食品メーカーの商品開発など、多方面で活躍中。「カフェ手帳」（旭屋出版）など著書も多数ある。

『カフェズ・キッチン』

カフェの仕事の基礎から専門知識まで学べる、カフェビジネススクールのパイオニア。受講生のあらゆるニーズに応えるべく、様々なコースを用意。多くの卒業生が全国で開業・活躍している。

❖東京都目黒区上目黒1-18-6　佐奈栄学園ビル　❖03-5722-0378
❖http://www.sanaegakuen.co.jp

カクテル

レシピ提案　『BAR石の華』石垣忍 バーテンダー

桜の花シロップ漬け×スプリッツァー

白ワインをソーダで割ったシンプルなカクテル・スプリッツァーに、シロップ漬けの桜の花を浮かべて華やかに。花を漬け込んだシロップも活用すると、ほどよい甘さが加わり、ほのかなピンク色に染まります。食前酒、食中酒としてどうぞ。

■材料（１人分）

白ワイン（辛口）…60㎖
ソーダ…60㎖
✽桜の花シロップ漬…桜の花１輪、シロップ小さじ1

■作り方

1 グラスによく冷やした白ワインとソーダを注ぐ。
2 桜の花シロップ漬の桜の花とシロップ部分を1に入れる。

✽ 桜 Memo

「桜の花シロップ漬け」の、桜の花とシロップの両方を活用。くどさのない程よい甘さと風味で、どちらも使いやすい。

バーテンダーとお店の紹介

石垣 忍バーテンダー

「日本バーテンダースクール」卒業後、東京・渋谷の老舗「松本家」に併設されたバー「松本」にて修業を積む。2005年IBA（国際バーテンダー協会）公認の世界大会「第40回 BACARDI MARTINI GRANPRIX 2005」シニア部門（29歳以上）において優勝。

『BAR石の華』

オーナーバーテンダーの石垣忍氏が独立し2003年に開業したオーセンティックバー。石をモチーフにした店舗で、クラシックカクテルから季節に合わせたオリジナルカクテルまで幅広く楽しませる。
❖東京都渋谷区渋谷3-6-2　第2矢木ビルB1F　❖03-5485-8405

桜の花フリーズドライ×モヒート

フレッシュミントをたっぷり使ったさわやかなカクテル・モヒートに、桜の花を加えてかわいらしい印象に。クランベリージュースも合わせ、酸味と色味をプラスしました。

■材料（1人分）

ホワイトラム…45mℓ
フレッシュライム…10mℓ
フレッシュミント…10枚
クランベリージュース…15mℓ
シュガーシロップ…小さじ1
✽桜の花フリーズドライ…1.5g
クラッシュアイス
（または小さめの氷）…適量
ソーダ…適量
フレッシュミント（飾り用）…適量

■作り方

1 ホワイトラム、クランベリージュース、フレッシュライム、シュガーシロップ、フレッシュミント、桜の花フリーズドライをグラスに入れる。
2 すりこぎ等で1のグラスの中身を、10回ほどやさしく押す（Point）。
3 クラッシュアイスまたは小さめの氷を2のグラスに詰め、ソーダを注ぐ。軽く混ぜ、フレッシュミントを飾る

Point　強く押すとえぐみや苦味が出るので、やさしく押す。

✽ 桜 Memo

「桜の花フリーズドライ」は、彩りが鮮やかで、水分を含むと元の状態に戻る。塩抜きしてあるのでモヒートの味を邪魔せず、たくさん加えることが可能。

桜葉塩×ソルティドッグ

グラスの縁に塩を付ける「スノースタイル」を桜葉塩でアレンジ。口の中で桜の葉が爽やかに香ります。マルガリータなど、他のスノースタイルのカクテルにもおすすめ。

■材料（1人分）

ウォッカ…30mℓ
グレープフルーツジュース
…120mℓ
✽桜花塩…適量
レモンまたはライム…1/2個
氷…適量

Point
桜の風味が強すぎないよう、塩はグラスの半分だけに付ける。

✽ 桜 Memo

「桜葉塩」をスノースタイルの塩として使用。桜葉の塩味、旨み、香りが加わり、複雑味のある味わいに。

■作り方

1 グラスの縁に、レモンもしくはライムの断面を軽く押し付け、半周させる。
2 皿等に桜花塩を薄く広げ、1のグラスの縁の部分を当てる。桜花塩をグラスの縁半分部分に付ける（Point）。
3 2のグラスに、よく冷やしたウォッカとグレープフルーツジュースを注ぎ、氷を入れて軽くかき混ぜる。

桜の食材紹介

「おいしい桜クッキング」（P62〜87）でシェフも使用

桜の花も葉も塩漬けにしてこそ、桜の香気が立ってくるもの。ここでは、塩漬けだけでなく、その香りを残しつつ、さらに使いやすく開発された桜食材の数々を紹介します。料理やお菓子に添えたり飾ったり、ほんのひとふりするだけでも桜満開です。

桜花

桜の花びら塩漬

桜の花びらだけを塩漬けに。塩味を生かしてパスタの具に、塩抜きして大福の生地に混ぜ込んでもおいしい。
＊内容量：20g

桜茶（桜花漬）

摘みたての八重桜を白梅酢に漬けてから塩漬けにしました。桜湯にするとパッと花が開きます。
＊内容量：20g（30g、80g入りもあり）

桜の花パウダー

お塩に混ぜて桜花塩、生クリームに混ぜて桜クリーム。混ぜるだけの手軽さで、桜色が食卓を彩ります。
＊内容量：6g（30g入りもあり）

桜の花ミンチ

ご飯に混ぜれば桜ご飯、団子に混ぜ込んで桜団子にも。シフォンケーキに混ぜれば桜シフォンができあがり。
＊内容量：20g（100g入りもあり）

桜葉

桜の葉ミンチ

団子や大福などに混ぜたり、ケーキやマフィンに混ぜたり。和菓子にも洋菓子にも合います。
＊内容量：20g（100g入りもあり）

桜葉漬

桜餅はもちろんのこと、白身魚を挟んで蒸しあげれば、上品な和食の一品ができあがります。
＊内容量：10枚（50枚パックもあり）

桜の葉パウダー

お塩やマヨネーズに混ぜれば桜葉塩や桜マヨネーズに。緑色と葉の香りが爽やかな印象を料理にプラス。
＊内容量：6g（30g入りもあり）

桜葉塩

天ぷらの付け塩の他、焼き魚や魚介のソテー、ステーキなど、添えるだけで桜風味が楽しめます。
＊内容量：15g

乾燥　桜の葉きざみ

クッキーやマフィン、パウンドケーキの生地になじませてオーブンへ。桜風味の焼き菓子が作れます。
＊内容量：5g

桜の食材には、昔ながらの花や葉の塩漬けのほか、桜花をフリーズドライにしたり、フレークやクランチ、パウダーにしたり、風味や香りを封じ込め、使いやすくしたものなど多数あります。業務用仕様も多数あり、用途に合わせて選ぶこともできます。

桜の花フリーズドライ

お吸い物やスープの浮き実にすれば、桜の季節にふさわしい一品に。緑茶やカクテルにもどうぞ。
＊内容量：1.5g

桜の花びらフレーク

アイスクリームやトリュフチョコのトッピングに散らせば、ほんのり塩味がアクセントになります。
＊内容量：3g（30g入りもあり）

桜の花シロップ漬

塩抜きした「桜花漬」をシロップに漬け込んでいます。シロップごとゼリーやドリンクに使えます。
＊内容量：100g

桜の花ペースト

ペースト状になっているので、ムースやアイスクリーム、ホイップクリームとのなじみが抜群。
＊内容量：20g（100g入りもあり）

桜あん・シロップ・コンフィチュール他

桜のコンフィチュール

桜の花を丸ごとやわらかく煮込んだジャム。桜のやさしい香りはティータイムにぴったり。
＊内容量：145g

桜のハニーシロップ

桜の花の香りをハチミツにプラス。デザートシロップ、ホットケーキシロップにそのまま使えます。
＊内容量：145g

桜あん

桜葉ミンチをたっぷりと練り込んだ、香り高い桜あん。和菓子だけでなく、桜デザートにも。
＊内容量：250g（1kg入りもあり）

桜ダイスカットゼリー

桜で風味をつけたゼリーをダイスカット。パフェやデザートドリンクのトッピングに。
＊内容量：（業務用）500g

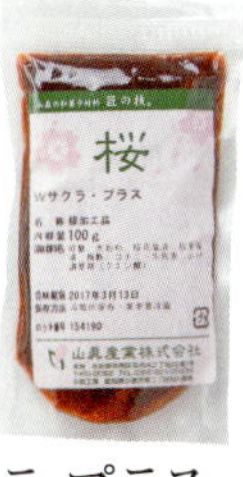

Wサクラ・プラス

塩抜きした「桜花漬」と「桜葉漬」に加糖してペーストに。桜の味・香り・色が一度につけられます。
＊内容量：（業務用）100g（500g入りもあり）

Wサクラ・ソース

桜花と桜葉を使い、桜の味と香りをぎゅっと凝縮。美しい桜色でデザートソースに最適。
＊内容量 ：（業務用）500g

【お問い合わせ先】山眞産業㈱　www.yamashin-sangyo.co.jp（業務用）
花びら舎　www.hanabiraya.jp（一般用）
✽詳しくは　桜の食品　検索

見る桜

日本の春の風物詩といえば、なんといっても「お花見」でしょう。
桜の開花が近くなると、なんとなくそわそわするものです。
桜の下に座り、花を愛でながらお酒や食事を楽しむ。
これも日本ならではの風習です。
ここでは、桜の名所や名桜を中心に、桜が描かれた芸術作品まで、
〝見て〟楽しむ桜をご紹介します。

高遠閣の夜桜（高遠城址公園）
赤い屋根の高遠閣とライトアップされた桜が夕闇に浮かび、雅な妖艶さを漂わす。（撮影：青野恭典）

桜の里にて

美しい自然に囲まれ、春ともなればその一帯が桜色に染まるような、〝桜の里〟が日本にはいくつもあります。その中でも指折りなのが「京都」、「南信州・伊那谷」、「福島県三春」ではないでしょうか。今回はそれぞれの土地にゆかりのある有識者の方々に、桜の里で思うことを語っていただきました。

京都の桜

三代目桜守
佐野藤右衛門さんに訊く

京都の春は桜の花だらけや

京都はもともと自然が豊かな土地柄なんでしょうな。三方を山に囲まれた扇状盆地で、山が近うて小川もたくさんあり水も豊富です。山もなだらかで厳しくない。そんな京都の山には、もとから自生する桜がいっぱいあって、桜同士が自然に交雑して突然変異でいろんな桜が生まれたんでしょうな。

これは想像ですけど、そんな桜の中から特に目を引くのを人間が見つけては「こらええな！」てなもんで、せっせと接ぎ木で増やしていったんが、たまたま神社仏閣を中心に残っていったんちゃいますか。京都の桜は恵まれた自然環境に加え、長い歴史を通じて、そうした名もない人々の努力がつながって残ってきたんだと思います。

また京都には長い間、天皇家があったから、あらゆるものが集まってきた。神社仏閣にしても総本山とか本社が多いし、諸々の家元や宗家も同様。今も寺や神社がたくさんあるから、京都の春は桜の花だらけや（笑）。

京都の桜の名所を見渡すと、洛中の歴史ある神社仏閣の桜から現代的な桜まで、山に自生する桜が里から洛中になだらかにつながっていく様子がわかり、興味深いです。

京都市右京区山越の佐野藤右衛門邸にある、枝垂桜。十五代藤右衛門氏が育てた京都円山公園の枝垂桜の実生から育てられたもの。桜の品種は「ヒトエシロヒガンシダレザクラ」。

京都の地形や土質と桜の特徴

京都の桜の特徴は、その地形や土質も関係しています。細かくいうと川筋、山の峯筋によっても土質は違いますが、大きく分けて洛中（市内）とその周辺の洛北、洛西、洛東、洛南地域で土質が違い、自生する桜の種類も異なります。

まず洛西から洛北方面はおもに固い岩盤層から成り立っていますが、うち（植藤造園）のある洛西あたりはこの固い岩盤層の上に、やわらかい砥之粉《とのこ》の土（砥石の原料となる石が風化したもの）の層が重なっています。この土質に特に適応したんが御室《おむろ》の仁和寺《にんなじ》にある有名な「御室の桜（根元から枝を張って花が咲く背丈の低い桜）」です。ここの桜は、根が砥之粉の土の層より下の固い岩盤層まで入っていかへんから横へ横へいきよる。ある程度大きくなったら上を枯らしよるから背が高くならんのです。

洛東の東山付近は花崗岩が風化したやわらかく水はけがよい土質で、ヒガンザクラ系の桜が多く自生しています。東山を背にした円山公園の祇園の夜桜として有名な枝垂れ桜もヒガンザクラ系ですが、たまたま土質が合ったことと、やはり優雅な枝垂れ桜の風情が東山付近の雰囲気によう合っていたんでしょう。

伏見や宇治など洛南方面は、太古の昔は海だったこともあり、土質は粘度質が多く水はけが悪い。こういう場所には自生の桜が育ちにくいので、人口栽培しやすいソメイヨシノが多く植栽されてきたんですな。

佐野藤右衛門《さのとうえもん》

1928年、京都生まれ。1832年創業「植藤造園」の十六代目。日本全国の桜の保存・育成活動を続ける「桜守」としても知られる。造園や桜植栽の仕事で世界各国を訪問。『ピカソ・メダル』（ユネスコ本部）、『勲五等双光旭日章』など多数受章。「日本さくらの会」理事。

その土地に根づいた桜に魅かれます

桜もその土地に住めるもんがおるんです。以前、北海道に自生するチシマザクラを何とか京都で育ててみようと思い、持って帰って育ててみましたけど、10年ぐらいはなんとかもちますけど、そのあとはあきませんな。大きくならない。

わしが魅かれるんは、その土地に根づいたヤマザクラとかヒガンザクラですわ。一本一種どれも同じもんがない。それがその土地になじんでます。そうした桜は自分がおかれた場所で生きるために逆境でも一生懸命に根を張っていくんです。その力強さの中で花を咲かせるから、よりきれいなんやな。肥料をやった花は、ただ咲いとるだけで、その木が持っている個性とか力強さとか、なるほどと感心するようなもんはないですわ。

春になったらみんな桜、桜いいますけど、桜も自然の中のひとつや。その自然の中に人間も入っとることを忘れたらあかん。今は地球規模で環境の変革期、あらゆる生物が影響を受ける時代です。わしら人間は自分たちだけ別やと思わず、桜も含めて自然と共存していくという意識が大事やと思います。

桜の里にて

写真家 青野恭典さんに訊く

南信州・伊那谷の桜

伊那谷の桜の写真を撮りはじめたのは十数年前のこと。その当時、このあたりの桜のすばらしさに、地元の人たちですら気づいていませんでした。それが今では、伊那谷の桜を撮影するためのツアーや写真教室もあるほど、全国に知られるようになり、桜の季節には写真を愛好する方々や観光客でにぎわいます。地元の人たちも、生まれ育った土地の桜が脚光を浴びることで、「こんなにいいところに住んでいたんだ」と誇りを持ち、桜を大事に守ろうとする機運が高まっています。

樹齢500年の孤高の一本桜

伊那谷は平家の落人集落があったとされ、各集落には必ず、お寺や神社がありました。そのお寺や神社が守ってきた桜の木には樹齢150~500年と立派な古木が非常に多いのです。何百本とあるのではないでしょうか。

観光客など誰も来ない鄙《ひな》びた場所に、孤高の一本桜が神々しくも咲き誇っています。有名な桜木だけでなく、外に知られていない桜

青野恭典《あおのきょうすけ》
山岳写真家。1937年、東京都生まれ。61年日本獣医畜産大学獣医学科卒業。67年よりフリーランスの写真家となる。山岳や海岸など自然風景を中心に撮影し、写真集も多数出版。伊那路の桜は十数年かけて取り組んでいるテーマのひとつ。

「青野恭典フォトアートギャラリー」は、寒天製品で名高い伊那食品工業㈱の本社周辺を開発した「かんてんぱぱガーデン」内に立地。四季折々の植物が楽しめる園内は自由に散策ができ、寒天製品のショップや「野村陽子植物細密画館」など、様々な施設がある。

桜と中央アルプス
背景に残雪の連山を望む見晴らしのいい大草城址公園（長野県上伊那郡中川村）。園内にはソメイヨシノ、エドヒガンなど約500本が咲き競い、残雪の中央アルプスと桜の彩りを堪能できる。（撮影：青野恭典）

を見出した時の喜びは何ものにも代えがたく、その発見は十年以上通い続けてもなお、〝ああ、また来年〟と思わずにはいられません。

　南信州に位置する伊那谷は、標高が６００〜８００ｍと高く、桜が咲き始めるのは４月も半ばを過ぎてからです。そのため、桜だけでなく、一斉にいろいろな花がどんどん咲き出します。桜とツツジ、桜と梅、桜と花桃、木蓮、菜の花…と他では撮ることのできない、ここだけの花の競演が広がります。さらに、残雪を抱いた中央アルプスを背景にした桜の荘厳さは、本当にすばらしいものです。

何よりも満開前の一瞬が美しい

　ただし、桜が本当に美しい色を見せてくれるのは、花が開いてからのほんの１日だと私は感じています。満開よりもほんの少し手前の色が何よりも美しいのです。桜色が瑞々しく、その一瞬を写真に収めたい。

　伊那市にある「かんてんぱぱホール」に常設されている私のフォトギャラリーでは、４月になると、桜や花をテーマにした作品に入れ替えています。伊那谷の自然を感じながら、一瞬の桜の美しさをぜひ目にしてください。

エドヒガンザクラとツツジ
「小池の桜」の名で知られる中川村美里の個人所有のエドヒガン枝垂れの一本桜。推定樹齢500年ほどの古木の桜と鮮やかな色合いのミツバツツジが互いを引き立てて美しい。（撮影：青野恭典）

桜の里にて

福島・三春と東北の桜

桜の里に住む、玄侑宗久さんの想い

特別寄稿

「桜の根元」

三春には、樹齢千年を超える瀧桜を中心に、枝垂れ桜が二千本以上、他の種類も入れると一万本以上の桜がある。東北地方では、桜の開花期がちょうど種蒔き時に重なるせいか、農業神(サ)の降り立つ場所(クラ)として、桜は特別に愛されてきた。今回の東日本大震災でも、復興のシンボルとして植えられた木としては、桜が最も多い。花見という一種の「祭」が、その土地に住む人々を、華やかに盛り上げることが期待されているのだろう。

玄侑宗久《げんゆうそうきゅう》

1956年、福島県三春町生まれ。福聚寺第35世住職。作家としても広く知られ、「中陰の花」で第125回芥川賞を受賞。東日本大震災後、被災地の子供支援のための『たまきはる福島基金』理事長。

ところで最近の私は、桜だけでなく、木々の根元がどうしても気になる。我々が呼吸するように、木々は根で息をし、水や養分を吸い上げている。その根のある地面が、酷い状況なのである。

U字溝や杜撰《ずさん》な石垣が土の通気を塞ぎ、また土のことを考えない乱暴な舗装が、あちこちで土を窒息させているように見える。

うちのお寺の境内や墓地には、大正五年に四人の檀家さんが三百五十本のソメイヨシノの苗木を植えてくれた。多くは健在だが、それでも最近、枯れ枝やテングス病などが目立ちはじめたのである。

専門家に相談すると、「問題は根元にある」という。一緒に行って調べてみると、確かに枯れ枝の目立つ木の根元は、土が悲鳴をあげるような状況である。土手の斜面がU字溝で塞がれていたり、お地蔵さんの足場がコンクリートで広範囲に固めてあったりする。

専門家のY氏が持参したエア・スコップで、直径十センチ、深さ一メートル近い穴をあちこちに開けてくれた。またU字溝の横の土を掘り、その溝や穴の中に、屑炭や竹、木の枝などを入れて通気・通水の隙間を確保したのである。

境内の平らな部分にも桜は多いのだが、その周囲にもY氏はエア・スコップで溝を作り、同様の手当をしてくれた。要するに、溝の斜面から通気・通水が促され、踏み固められた地面もやがて柔らかくなって植物の息がしやすくなる、というのである。

恰度《ちょうど》その日は、秋の霖雨が降っていた。これまで表面を流れ去っていた雨水が、新たに掘った溝に吸い込まれていくのがよく見えた。

そして翌日、枯れかけていた桜を見に行ってみると、なんと病葉《わくらば》が全部散り落ち、そこに

境内には、2本の枝垂桜がある。樹齢がそれぞれ250年、470年程と言い伝えられる古木で、竹林の濃い緑を背景に、満開時には桜の紅色が美しく浮かび上がる。
写真提供:
東北・夢の桜街道推進協議会

小さな新芽がたくさん吹き出ていたのである。「出ましたね」と、Y氏は言う。「新芽は一日で出るんですよ」笑いながらそう言うのだが、私には信じがたい光景だった。

あらためて周囲を見廻してみると、なんとなく大地が息づきはじめているように思え、気持ちよかった。

Y氏によれば、樹木の植えられる環境として最適なのは、土でできた土手の上らしい。そういえば、日本でも最古と言われるソメイヨシノの並木は郡山の開成山公園にあるのだが、あそこは今でも土手のままだ。明治十一年に植えられたソメイヨシノが今でも隆々として元気なのは、そのせいだろうか。

だいたい、ソメイヨシノは寿命が短いという俗説にも、たいした根拠はないらしい。実際、新種として開発されたのが江戸時代中期、と最も早い説を採ったとしても、二百数十年しか経っていない。

また枯れて寿命と思われた木も、じつは人間によって土が虐められていたせいではないか……。特に高度経済成長といわれた時代を思い起こすと、そう思えて仕方ないのである。本来の石垣であれば、土の通気・通水は妨げられないはずだが、最近のものにはその隙間がない。街路樹も、まるでアクセサリーのように窮屈な穴に植えられているではないか。

一番の問題は、雨水が降ったその場に吸い込まれない在り方である。舗装し、U字溝から川へ全てを流し込むから、ちょっとした雨が続くだけで水害になる。一方で、どこの土も水や空気が不足し、苦しそうに喘いでいるのである。

そろそろ桜を植えて楽しむだけでなく、桜が長生きできる環境を作らなくてはならない。

枝垂れ桜は、風の当たりにくい土手の斜面に植えられることが多いが、斜面というのは余程植物が生えていても、土が流されて減りやすい。うちの枝垂れ桜の根元には十年ほど前に竹と木で囲いを作り、毎年その中に枯れ葉などを入れている。根を冷やさず、土を補う努力を続けているのだ。

一口に千年というが、桜がそれだけ生きるにはどれほど人間による養生があったことだろう。植えるだけなら誰でもできるが、それが長く受け継がれるためには、人間社会の横のつながりと同時に、縦の連なりも必要なはずである。

三春の現在も東北の未来も、桜の様子が教えてくれるのではないか。もっともっと桜の根元を見つめ、植物に近づき、自然と共に生きる東北でありたい。

日本三大桜名所

日本にはほとんどの町に桜名所があります。地域の人にとって、お花見を楽しむ場所であり、愛着のある自慢の場所でもあります。そうした桜名所のほとんどは、人の手によって植えられ、維持管理されて今があります。

桜名所の成り立ちは、大きく三つに分けられ、第一に、和歌にも詠まれている江戸時代以前からの桜名所です。代表格が「吉野山」、「桜川」、「嵐山」で、どこもヤマザクラが植えられており、微妙に異なる花色、葉色のグラデーションの美しさが古人から愛されてきました。

第二が、明治時代に、廃藩後に荒れ果てていた城跡や、新たに造られた施設に桜を植えたものです。代表格が三大桜名所の「弘前公園」「高遠城址公園」や、最古のソメイヨシノ植樹の記録が残る郡山の「開成山公園」などで、全国各地に数多くあります。

第三が、戦後、復興事業の記念植樹や、自治体の修景事業や町興し事業で成り立ったものです。21世紀になった今も各地で続々と桜名所づくりが行われています。

吉野山

奈良県吉野郡吉野町

「古今集」の昔から和歌に詠われた日本最古の桜名所。約1300年前、金峯山寺が開かれるとき、開祖・役小角が感得した蔵王権現を桜の木に刻んだことからご神木となり、桜の苗を寄進することが習わしとなった。シロヤマザクラを中心に約200種3万本もの桜の花が、「一目千本」といわれ、山上に向かって下千本・中千本・上千本・奥千本と、1ヶ月をかけて豪華絢爛に咲き乱れる。

(撮影:青野恭典)

高遠城址公園

長野県伊那市高遠町

明治初期の廃藩置県で城が取り壊された本丸跡に、高遠藩の旧藩士達が「桜の馬場」に残されていた桜を移植したことに起因する。県の天然記念物である固有種・高遠小彼岸桜が約1500本、中央・南のふたつのアルプスを背景に、小振りでやや濃いめの花が城址を埋め尽くすように咲き、「天下第一の桜」と称されている。

弘前公園［弘前城］

青森県弘前市

天守閣とお堀端一帯に、約50種2600本の桜が咲き誇る。明治15年、荒れ果てた城内を見かねた旧藩士の菊池楯衛がソメイヨシノ1000本を植樹し、今や日本最古のソメイヨシノとなっている。樹齢100年を超すソメイヨシノが300本以上あり、立派に花を咲かせるため、その管理技術は日本一と賞賛されている。

※平成27年現在、弘前城は石垣修理工事で天守が曳屋中。

日本三大巨桜

長い歳月、風雪に耐えてきた古桜・巨桜・名桜の数々。その多くはエドヒガン（東日本に多く分布するためアズマヒガンともいう）の一本桜で、様々な故事伝説や言い伝えと共に、地域のシンボルとして大事に守られてきました。その地域だけで知られ、親しまれてきた巨樹古木に観光客が訪れるようになったのは、ごく最近の事です。

ここでは日本三大桜として有名な「山高神代桜」「根尾谷淡墨桜」「三春滝桜」をご紹介します。これらに、「石戸の蒲桜」（埼玉県北本市）と「狩宿の下馬桜」（静岡県富士宮市）を加えて五大桜ともいわれ、大正11（１９２２）年、日本で天然記念物制度ができたとき、この５本が同時に指定を受けました。その後、地方自治体による天然記念物指定も加わり、大事に保護されています。また、こういった古木は東北、甲信越、岐阜県などの冷涼な地方に多く、中でも長野県は１２０本を超える桜が天然記念物指定を受けています。日本各地には、まだまだ知られていない古桜が数多くあります。

根尾谷淡墨桜

岐阜県本巣市根尾板所

東西南北に約30mも枝を張るエドヒガンの巨樹。継体天皇お手植え伝説が残り、樹齢1500年ともいわれる。薄紅のつぼみから白い気品のある花を咲かせ、やがて散り際には薄墨に色を変えることから名づけられた。

山高神代桜

山梨県北杜市武川町

南アルプスと八ヶ岳を望む実相寺境内にそびえる根回り18.5mもあるエドヒガンの老巨木。幹の上部は朽ち果てているが、根元近くから新たな枝を張り、薄紅の美しい花を咲かせる姿が神々しい。倭武尊《ヤマトタケル》の東征時に植えたという伝説がある、樹齢1800年余と推定される日本最古の桜。また、日蓮上人が樹勢回復の祈願を行い、蘇ったという言い伝えから「妙法桜」との別名も残されている。

三春滝桜

福島県田村郡三春町

樹齢1200年といわれる日本最古・最大の枝垂桜。エドヒガン系のベニシダレで、樹高12mの高さから幾重にも枝を垂らして咲く姿は、雄大な滝のよう。江戸時代初期、三春藩が置かれたとき、既に大木であったという記録があり、藩の御用木として保護していた。また三春町内には、滝桜の子にあたる枝垂桜が2000本以上植えられており、中には樹齢数百年の古木も多数。まさに枝垂桜の町である。

日本全国 桜名所・名桜めぐり

日本さくらの会選定100選と別選他、名桜・一本桜

「さくら名所100選の地」より

「別選さくら名所」より

名桜・一本桜

日本各地の「桜の名所」ならびに、その1本に物語がある「名桜・一本桜」を、開花が早い地域から順にご紹介します。

沖縄・九州地方

名護城公園
沖縄県名護市

約2万本のカンヒザクラが有名で、桜前線のスタート地点。キャッチフレーズは「日本の春はここから」。

【見ごろ】 1月20日～1月31日
【催　事】 名護さくら祭り

荒川のカンヒザクラ自生地
沖縄県石垣市

国内唯一のカンヒザクラ自生地。原生林の中に約350本が自生している。

【見ごろ】 1月下旬～2月上旬
【品　種】 カンヒザクラ
【天然記念物指定】 国

忠元公園
鹿児島県伊佐市

約2㎞にわたる桜並木が特徴的。桜祭りはスポーツ競技や郷土芸能、武者行列など各種イベントで賑わう。

【見ごろ】 4月上旬
【催　事】 忠元公園さくら祭り

奥十曽の江戸彼岸
鹿児島県伊佐市

昭和52年8月に発見され、エドヒガンザクラの自生木としては日本一とされる。日本の巨木100選選定木。

【見ごろ】 3月末
【品　種】 エドヒガン
【樹　齢】 600年

母智丘公園
宮崎県都城市

約2㎞の桜のトンネルが最大の見もの。桜まつり期間中には県内外からの花見客で盛り上がる。

【見ごろ】 3月下旬～4月上旬
【催　事】 都城もちお桜まつり

花立公園
宮崎県日南市

標高489m、20haの広い園内にソメイヨシノや山桜など1万本が咲く九州随一の桜の名所。

【見ごろ】 3月下旬～4月上旬
【催　事】 花立公園桜まつり

岡城趾
大分県竹田市

800年の歴史をもつ城跡の石垣と桜のコントラストが魅力。本丸、二の丸から望むパノラマ風景も人気だ。

【見ごろ】 4月1日～4月10日
【催　事】 岡城桜まつり

魚見桜
大分県速見郡日出町

その昔、別府湾の漁師たちが花の咲き具合で漁の時期を決めたことから、ウオミザクラ(魚見桜)という。

【見ごろ】 3月中旬
【品　種】 ヤマザクラ
【樹　齢】 450年

水俣市チェリーライン
熊本県水俣市

海の湯・児温泉と山の湯・鶴温泉を結ぶ沿線にある桜並木。海と山沿いに、桜色のラインが見事に浮き立つ。

【見ごろ】 4月上旬
【催　事】 湯の児温泉桜まつり

市房ダム湖畔
熊本県水上村

約1万本のソメイヨシノが有名で、一斉に咲いた姿は壮観。桜図鑑園もあり各種サトザクラ類が楽しめる。

【見ごろ】 3月下旬～4月上旬
【催　事】 さくら祭り

熊本城
熊本県熊本市

天守閣と多数の櫓や櫓門、石垣をもつ豪壮雄大な熊本城を桜花がやさしく包む。夜間照明で夜桜を演出する。

【見ごろ】 3月下旬～4月上旬
【催　事】 熊本城夜間開園

菊池公園
熊本県菊池市

菊池温泉街に隣接した公園。約1万本の桜と3万株のツツジで魅了する。「花の公園」として有名。

【見ごろ】 3月下旬～4月上旬

一心行の大桜
熊本県阿蘇郡南阿蘇村

島津氏との戦いで敗北した峯伯耆守惟冬の菩提樹。妻子が御霊を弔うため一心に行を修めた背景が名の由来。

【見ごろ】 4月上旬
【品　種】 ヤマザクラ
【樹　齢】 400年

大村公園
長崎県大村市玖島郷

大村桜・九島桜など約2千本の桜が咲く。

【見ごろ】 3月下旬～4月中旬
【催　事】 おおむら花まつり

大村桜
長崎県大村市玖島郷大村公園

花は二段咲きで外花と内花に1本の雌しべが貫通した形状。がく片は10枚、花弁は60～200枚にも及ぶ。

［九州地方］

熊本城（熊本県）

岡城跡（大分県）

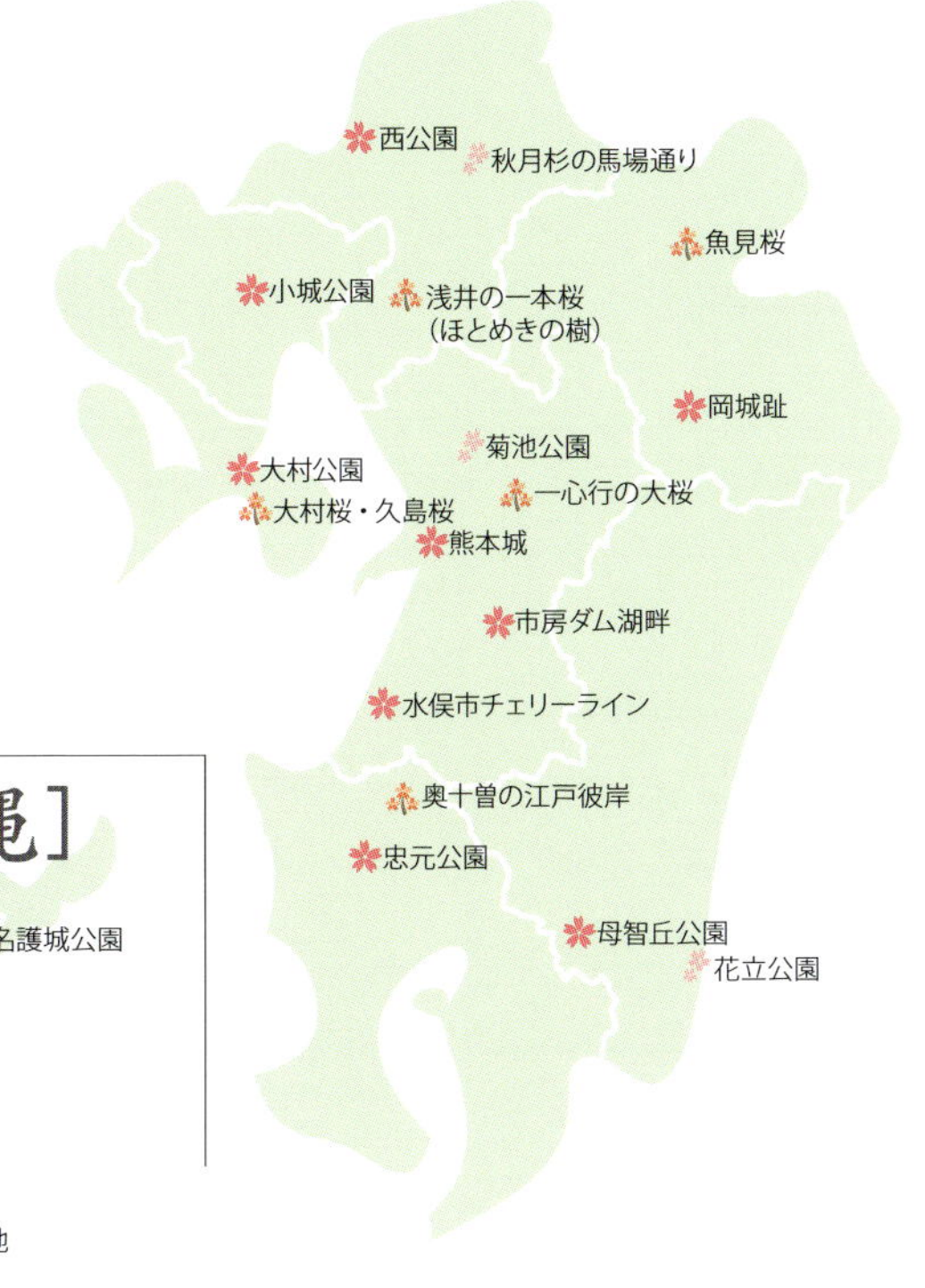

【見ごろ】4月上旬
【品　種】オオムラザクラ
【天然記念物指定】国

久島桜　長崎県大村市玖島郷大村公園

雌しべが2枚の葉に変化し、この雌しべが内花のがく片になる。外花のがく片は5枚、花弁は平均45枚ほど。

【見ごろ】4月上旬
【品　種】クシマザクラ
【天然記念物指定】県

小城公園　佐賀県小城市

小城初代藩主・鍋島元茂公が、この地に桜を植えたのが始まりという古くからの名所。桜本数は約3千本。

【見ごろ】3月下旬～4月上旬
【催　事】夜間ライトアップ

西公園　福岡県福岡市中央区

博多湾に突き出た丘陵地にある眺めのよい公園。園内には1400本の桜があり、地元民に親しまれている。

【見ごろ】3月下旬～4月上旬

秋月杉の馬場通り　福岡県甘木市

筑前の小京都・朝倉市秋月の桜並木。武家屋敷や土塀など城下町の景観が、情緒ある雰囲気を漂わす。

【見ごろ】3月下旬～4月上旬
【催　事】秋月春祭り（4月7日）

浅井の一本桜（ほとめきの樹）　福岡県久留米市山本町耳納

地元で大切に保護され、堂々たる風格で花密度は高い。ため池に映る逆さ桜は美しく、一見の価値がある。

【見ごろ】4月上旬
【品　種】ヤマザクラ
【樹　齢】約100年

四国地方

牧野公園　高知県高岡郡佐川町

佐川町出身の植物学者・牧野富太郎博士が送ってきた桜を植樹したのが始まり。桜の本数は約2千本。

【見ごろ】3月下旬～4月上旬
【催　事】牧野公園さくらまつり

鏡野公園　高知県香美市

約600本の桜のうち半分が60年を超える樹齢である。サトザクラ類もあり、遅い時期まで桜を楽しめる。

【見ごろ】3月下旬～4月中旬

ひょうたん桜　高知県吾川郡仁淀川町

蕾の形が瓢箪に似ている点から命名。土地の始祖大崎玄蕃が祇園神社を祀ったため「祇園様」とも呼ばれる。

【見ごろ】3月下旬から4月上旬
【品　種】エドヒガン
【樹　齢】約500年

城山公園　愛媛県松山市

松山城の城閣、城濠を背景に、緑と桜が織りなす景観が見所。春祭りでは、大名行列なども開催される。

【見ごろ】4月1日～4月7日
【催　事】松山春まつり（お城まつり）

武丈公園　愛媛県西条市

約1500本の桜並木は加茂川堤に美しい花のアーチを作り、背後の八堂山と共に「四国の小嵐山」と呼ばれる。

【見ごろ】4月1日～4月10日
【催　事】武丈観桜行事

大宝寺うば桜　愛媛県松山市南江戸

角木長者の娘の病気が回復。その乳母がお礼に桜の植樹を懇願した背景から、乳母桜、姥桜と呼ぶ説が残る。

【見ごろ】4月上旬
【品　種】エドヒガン
【樹　齢】300年

琴弾公園
香川県観音寺市

琴弾山や有明浜からなる公園。春は老松を背景に、約500本のソメイヨシノが色鮮やかに咲き誇る。
【見ごろ】4月上旬～中旬
【催　事】さくら茶会

徳島中央公園・眉山公園
徳島県徳島市

徳島市の中心部にある名所で、城の石垣と桜のコントラストが見事。眉山公園からは市街地を一望できる。

【見ごろ】3月下旬～4月上旬

天神桜、世の中桜
徳島県美馬市

通称・天神の森に咲く天神桜は神木。世の中桜の名の由来は、景気により開花状況が変わる点からきている。
【見ごろ】4月上旬
【品　種】天神桜：ヤマザクラ、世の中桜：エドヒガン
【樹　齢】天神桜：500～600年、世の中桜：600～700年
【天然記念物指定】県

吉良の江戸彼岸
徳島県美馬郡つるぎ町

地上1.5mから三岐し、大きく枝を広げている点が特徴。春には満天を薄紅色に染め上げ、人を魅了する。
【見ごろ】3月下旬から4月上旬
【品　種】エドヒガン
【樹　齢】400年
【天然記念物指定】県

中国地方

ときわ公園
山口県宇部市

ときわ湖中心に189.4haの広大な敷地には、約3500本の桜が咲く。4月上旬、各種イベントを開催。
【見ごろ】4月上旬～中旬
【催　事】さくらまつり

錦帯橋・吉香公園
山口県岩国市

錦川の土手と岩国藩主吉川氏の居館跡である園内には約3千本の桜があり、美しい景観を創出している。

【見ごろ】4月上旬～中旬

斐伊川堤防桜並木
島根県雲南市

中国地方随一の桜名所。斐伊川沿いの約2kmに渡る桜のトンネルが有名。市内にも1500本の桜が咲く。
【見ごろ】4月上旬～中旬
【催　事】木次さくら祭り

松江城山公園
島根県松江市

城と黒松を背景に咲く桜が見もの。お城まつりでは、安来節新人コンクールや郷土芸能なども開催される。
【見ごろ】4月上旬～中旬
【催　事】お城まつり

建福寺の世間桜《よなかざくら》
島根県隠岐の島町

2本のエドヒガン老木。雄桜が先に白い花を咲かせ、雌桜が10日ほど遅れて薄紅色の花を咲かせる。
【見ごろ】4月上旬から中旬
【品　種】エドヒガン
【樹　齢】約700年
【天然記念物指定】県

船上山万本桜公園
鳥取県東伯郡琴浦町

船上山の裾野に広がる茶園原一帯の公園。雄大な屏風岩を背景に、約4千本の桜が美しく咲き誇る。
【見ごろ】4月20日～5月5日
【催　事】船上山さくら祭り

打吹公園
鳥取県倉吉市

打吹山の麓にある公園。約4千本の桜があり、県内随一の桜名所。春まつりには花咲爺さんが登場し、人気。
【見ごろ】4月上旬～中旬
【催　事】倉吉春まつり

鳥取城跡・久松公園
鳥取県鳥取市

鳥取城跡にある歴史公園。ソメイヨシノを主体に400本の桜が咲き、国指定史跡の石塁、石垣とよく合う。
【見ごろ】4月上旬～中旬
【催　事】ふるさと鳥取桜まつり

庄原上野公園
広島県庄原市

周囲4kmの上野池湖畔の遊歩道や弁天島、ひさご山には約2千本の桜が咲く。湖面に映える夜桜が見もの。
【見ごろ】4月10日～4月17日
【催　事】庄原上野公園桜まつり

千光寺公園
広島県尾道市

約1万本の桜が園内に咲き誇る。千光寺山頂展望台からも桜を楽しめ、遠くには瀬戸の島々が一望できる。
【見ごろ】4月上旬～4月中旬
【催　事】さくら茶会

尾関山公園
広島県三次市

尾関山城跡の頂上には天文観測の発蒙閣

醍醐桜（岡山県）

錦帯橋（山口県）

跡があり、そこから眺める大渦土手の桜並木が絶景で有名である。
【見ごろ】4月上旬～4月中旬
【催　事】三次さくら祭

比治山公園　広島県広島市

小高い丘にあり、市内と瀬戸内海を一望できる公園。約１３００本の桜が園内を美しい桜色に染め、魅了する。

【見ごろ】4月5日～4月15日

小奴可の要害桜　広島県庄原市東城町

亀山城跡にある東城三本桜の一つ。開花時が苗代を作る目安となり「苗代桜」とも呼ばれ、親しまれている。
【見ごろ】4月中旬～5月上旬
【樹　齢】推定５００年
【天然記念物指定】県

鶴山公園（津山城跡）　岡山県津山市

高さ45ｍの石垣を背景に5千本の桜が咲く。本丸から見る桜は海のように壮観で、夜桜も幻想的で魅力だ。
【見ごろ】4月上旬～中旬
【催　事】津山さくらまつり

後楽園外苑・旭川河川敷　岡山県岡山市

園内の池や築山、松林の間に桜が優美さを添える。後楽園東の旭川沿いの約1㎞に渡る桜並木が有名である。
【見ごろ】4月上旬
【催　事】岡山さくらカーニバル

醍醐桜　岡山県真庭市落合垂水

エドヒガンの巨木である。後醍醐天皇が隠岐に配流された際に立ち寄り、賞賛されたと伝えられる。
【見ごろ】4月上旬～中旬
【品　種】エドヒガン
【樹　齢】推定１０００年
【天然記念物指定】県

近畿地方

七川ダム湖畔　和歌山県東牟婁郡

約3千本のソメイヨシノが、湖畔周囲約5㎞に渡って咲く。日没後はぼんぼり提灯で照らされた夜桜も魅力。
【見ごろ】3月下旬～4月上旬
【催　事】佐田の桜まつり

根来寺　和歌山県岩出市

ヤマザクラ、ソメイヨシノなど約7千本の桜が境内を彩る。多宝塔、大師堂は桜に囲まれて荘厳さが一層増す。

【見ごろ】3月下旬～4月中旬

紀三井寺　和歌山県和歌山市

早咲きの桜名所。約１５００本の桜があり、とくに夜桜の美しさが有名。一望できる和歌ノ浦の絶景も格別だ。
【見ごろ】4月2日～4月12日
【催　事】紀三井寺さくら祭り

総本山長谷寺　奈良県桜井市

桜は約3千本。本坊から見る本堂は、桜の雲に浮かんでいるようで幻想的。入山のオオシダレザクラも有名。

【見ごろ】4月1日～4月15日

郡山城址公園　奈良県大和郡山市

桜は約８００本。ぼんぼりで演出された夜桜は風情があってとくに見もの。祭りでは金魚品評会なども開催。
【見ごろ】4月上旬～中旬
【催　事】大和郡山お城まつり

吉野山　奈良県吉野郡吉野町

約3万本のヤマザクラが標高２００～８００ｍの谷を埋める。山の下、中、上、奥の順で咲いて見頃が長い。
【見ごろ】4月上旬～下旬
【催　事】蔵王・堂花供会式

奈良公園　奈良県奈良市

鹿や東大寺、興福寺、春日大社など歴史的文化遺産と桜が渾然と溶け合い、古都の美しい景観を醸し出す。

【見ごろ】3月下旬～4月下旬

仏隆寺の山桜　奈良県宇陀市榛原町赤埴

佛隆寺参道の石段に威勢よく枝をはった桜の巨樹で、県下最古の桜である。ヤマザクラとエドヒガンの亜種。
【見ごろ】4月中旬ごろ
【品　種】ヤマザクラとエドヒガンの雑種
【樹　齢】推定９００年
【天然記念物指定】県

又兵衛桜　奈良県宇陀市大宇陀本郷

戦国武将・後藤又兵衛が当地へ落ち延び、一生を終えたという後藤家の屋敷跡にあるシダレザクラである。
【見ごろ】4月中旬
【樹　齢】約３００年
【品　種】シダレザクラ（エドヒガンの変種）

篠山城跡　兵庫県篠山市

明治2年、青年団が城跡と外濠周辺に桜を植栽。県下屈指の桜の名所となり、地元民から親しまれている。
【見ごろ】4月上旬～中旬
【催　事】丹波篠山さくらまつり

姫路城　兵庫県姫路市

城の荘重優雅な姿と桜の美しさが見事に調和。見所は三の丸広場の桜並木、西の丸庭園のシダレザクラなど。
【見ごろ】4月上旬～中旬
【催　事】観桜会・お花見太鼓

夙川公園　兵庫県西宮市

夙川の両岸約3㎞にソメイヨシノを主体とした桜並木がある。松の緑と桜のコントラストが美しく、人気。
【見ごろ】4月上旬
【催　事】西宮さくら祭

明石公園　兵庫県明石市

約１２００本のソメイヨシノがあり、特に剛の池周辺の桜が見もの。明石城跡の櫓を背景に見る桜もよい。

【見ごろ】4月1日～4月20日

須磨浦公園　兵庫県神戸市須磨区

須磨浦海岸に広がる公園で、松と桜が調和した神戸市随一の桜名所。須磨浦山上遊園からの眺めも絶景だ。

【見ごろ】4月上旬～中旬

樽見の大桜　兵庫県やぶ市大屋町

樹齢は全国でも10本の指に入る。「山の神の依代」と信仰されて大切に保存され、「仙桜」とも呼ばれる。
【見ごろ】4月上旬～中旬
【品　種】エドヒガン
【樹　齢】１０００年超
【天然記念物指定】国

万博記念公園　大阪府吹田市

大陶器市など多彩なイベントが繰り広げられる。桜の季節はライトアップされ、夜9時まで開園。
【見ごろ】3月下旬～4月上旬
【催　事】桜まつり

造幣局
大阪府大阪市北区

南門から北門の約560mの園路に咲く桜のトンネルが有名。ヤエザクラ類を中心に約120種、400本。

【見ごろ】4月14日～4月20日
【催　事】桜の通り抜け（4中旬から一週間）

大阪城公園
大阪府大阪市中央区

約4300本の桜があり、とくに西の丸庭園が見もの。夜の照明で浮かび上がる天守閣と満開の桜は格別。

【見ごろ】4月上旬
【催　事】観桜ナイター

仁和寺（京都府）

平安神宮神苑（京都府）

笠置山自然公園
京都府相楽郡笠置町

笠置は木津川上流にあり、JR笠置駅を中心に約3千本の桜が咲く。桜吹雪が清流に舞う姿は幻想的で美しい。

【見ごろ】4月6日～4月12日
【催　事】さくらまつり

嵐山
京都府京都市右京区

渡月橋両岸のヤマザクラは日本の原風景といえる。嵐山の稜線と大堰川、寺社が桜と調和して心を和ませる。

【見ごろ】4月5日～4月15日

京都府立植物園
京都府京都市左京区

大正13年に開園し、約5千種類の植物が観賞できる。とくにサトザクラ類が多く、約70種の桜を楽しめる。

【見ごろ】4月上旬～中旬

醍醐寺
京都府京都市伏見区

4月第2日曜に、太閤秀吉の「醍醐の花見」を再現した「豊太閤花見行列」が行われ、多くの客で盛り上がる。

【見ごろ】4月1日～4月14日
【催　事】醍醐寺桜会

仁和寺の御室桜
京都府京都市右京区

「御室有明」を中心にサトザクラが約200本。樹高2～4mの灌木状で、地上から20～30㎝で花をつける。

【見ごろ】4月13日～4月20日
【催　事】桜まつり（観桜会）

二条城
京都府京都市中京区

桜は46品種、約355本あり、管理がよく、見事な桜が城内を彩る。二条城は世界文化遺産としても有名。

【見ごろ】4月上旬～下旬
【催　事】ライトアップ、観桜茶会

平安神宮神苑の枝垂桜
京都府京都市左京区

優美な約150本のシダレザクラを中心に、300本の桜が神苑を美しく彩る。

【見ごろ】4月5日～4月15日
【催　事】ライトアップ、紅しだれコンサート

円山公園
京都府京都市東山区

園内の桜は約850本。夜のシダレザクラは、かがり火でライトアップされ、妖艶な美しさを放つ。

【見ごろ】4月5日～4月12日
【催　事】かがり火ライトアップ

常照皇寺の九重桜
京都府京都市右京区

常照皇寺境内にある国の天然記念物。近くに「御車返しの桜」や「左近の桜」など桜の名木もある。

【見ごろ】4月上旬～中旬
【品　種】エドヒガンの変種
【樹　齢】推定650年
【天然記念物指定】国

海津大崎
滋賀県高島市マキノ町

遅咲きの桜名所。樹齢70年超のソメイヨシノ約600本が、びわ湖畔4㎞に渡って桜のトンネルを作る。

【見ごろ】4月上旬～4月中旬

彦根城
滋賀県彦根市

彦根藩井伊家の居城として有名。4月には約1300本の桜が、国宝の天守に負けないほどの美しさをはなつ。

【見ごろ】4月5日～4月15日
【催　事】彦根城桜まつり

豊公園
滋賀県長浜市

豊臣秀吉が城主の長浜城跡には、約800本のソメイヨシノがあり、びわ湖岸の春の風景を一層引き立てる。

【見ごろ】4月1日～4月15日
【催　事】夜間ライトアップ

清水《しょうず》の桜
滋賀県高島市マキノ町海津清水

加賀藩前田候が上洛の折、美しさに見とれて何度も振り返ったことから「見返りの桜」とも呼ばれている。

【見ごろ】4月上旬頃
【品　種】エドヒガン
【樹　齢】300年超
【天然記念物指定】県

東海地方

君ヶ野ダム公園・三多気　三重県津市三杉

約3千本の桜と大洞山を望む公園で大パノラマが有名。三多気はヤマザクラの古木群で歴史と風格を漂わす。

【見ごろ】　4月上旬～下旬
【催　事】　君ヶ野ダム桜まつり・三多気桜まつり

宮川堤の桜　三重県伊勢市

「桜の渡し」と呼ばれたほど桜の名所としての歴史は古い。夜はぼんぼりが設置され、昼夜問わず花見客を魅了。

【見ごろ】　3月下旬～4月上旬
【催　事】　SAKURAフェスティバル

津偕楽公園　三重県津市

安政年間に築かれた庭園で自然の丘陵地や岩山を生かし、池を配置。趣向をこらし多くの桜が植栽された。

【見ごろ】　4月10日～4月20日
【催　事】　津偕楽公園春まつり

白子の不断ザクラ　三重県鈴鹿市寺家

子安観音寺境内の2株の桜。真夏以外、四季を通じて花が咲くことから、フダンザクラと命名された。

【見ごろ】　2月上旬～4月
【品　種】　サトザクラの変種
【樹　齢】　推定450年以上
【天然記念物指定】　国

岡崎公園　愛知県岡崎市

岡崎城天守閣を中心に約2千本の桜が咲き競う。夜桜は東海随一の桜名所で、ライトアップは18時～22時。

【見ごろ】　4月1日～4月6日
【催　事】　岡崎の桜まつり

小原の四季桜　愛知県豊田市小原町

春と秋、2度開花するシキザクラが約1万本。桜の可憐さと紅葉の美しいコントラストが見所である。

【見ごろ】　11月、4月中旬
【催　事】　小原四季桜まつり 11月1日～30日
【品　種】　シキザクラ
【樹　齢】　最古の木100年以上
【天然記念物指定】　県

山崎川　愛知県名古屋市瑞穂区

石川橋から落合橋にかけ、山崎川両岸に沿って約2.5km続く桜並木。樹齢も古く大木が多い。

【見ごろ】　3月下旬～4月上旬
【催　事】　ライトアップ

鶴舞公園　愛知県名古屋市昭和区

市内でも有数の花の名所。園内3ヶ所の桜林を中心に約1200本の桜が咲く。開花期は夜間照明を設置。

【見ごろ】　4月5日～4月13日
【催　事】　鶴舞公園花まつり

小原の四季桜（愛知県）

河津桜（静岡県）

名古屋城
愛知県名古屋市中区

5層7階の雄大な天守閣が有名な城。満開の桜に包まれる4月には、いっそう華やかな雰囲気に彩られる。

【見ごろ】4月1日~4月10日
【催　事】名古屋城さくらまつり

小牧山
愛知県小牧市

永禄6年、織田信長が築城。昭和6年、徳川家より寄付されて以来、緑と桜がよく調和した桜名所である。

【見ごろ】4月1日~4月7日
【催　事】小牧山さくらまつり

五条川河畔の桜
愛知県岩倉市、江南市、大口町

岩倉市内の川沿い約7.6㎞、約1400本の桜並木。橋からの景色は桜が川面を覆い尽くし、花見客を魅了。

【見ごろ】3月下旬~4月上旬
【催　事】岩倉桜まつり

木曽川堤の桜
愛知県一宮市

明治18年、堤防一帯（約4㎞）に桜を植栽。現在は400本以上の彼岸桜、シダレザクラが咲き誇る。

【見ごろ】3月20日~4月10日
【催　事】一宮桜まつり

新境川堤
岐阜県各務原市

歌舞伎役者市川百十郎が放水路の完成時に桜を寄贈。通称「百十郎桜」。両岸に千本のソメイヨシノが咲く。

【見ごろ】3月下旬~4月上旬
【催　事】各務原市桜まつり

中将姫誓願桜
岐阜県岐阜市大洞

平安初期、中将姫の病気治癒のお礼として植樹した桜という説が残る。花弁が120~130枚あり、淡桜色。

【見ごろ】4月上旬~中旬
【品　種】ヤマザクラの変種
【樹　齢】約1200年
【天然記念物指定】国

揖斐二度桜
岐阜県揖斐郡大野町南方

一重咲き、八重咲き、二段咲きの3種が一本に咲く。外側の桜が散る頃、花芯の蕾が開花し、2度楽しめる。現在は三代目。

【見ごろ】3月下旬~4月上旬
【品　種】ヤマザクラの変種
【天然記念物指定】国

霞間ケ渓公園
岐阜県揖斐郡池田町

ヤマザクラの名所。ヤマザクラのほか数10種、1万5千本の桜が咲く。昭和3年、国の名勝天然記念物に指定。

【見ごろ】3月31日~4月10日
【催　事】池田サクラまつり

根尾谷・淡墨公園
岐阜県本巣市根尾

根尾谷淡墨桜
岐阜県本巣市根尾

日本三大桜「淡墨桜」を中心に、その小桜が数多く植えられ、一帯は桜の園となる。

【見ごろ】4月上旬~中旬
【品　種】エドヒガン
【樹　齢】1500年
【天然記念物指定】国

苗代桜
岐阜県下呂市和佐

2本の巨木で別名「暦桜」。開花時に苗代（稲の苗を作るための田）の準備を始めたという背景が名の由来。

【見ごろ】4月中旬
【品　種】エドヒガン
【樹　齢】400年
【天然記念物指定】県

臥龍桜
岐阜県高山市一之宮町

龍が地に臥しているように見える桜。伊勢湾台風被害で龍の胴体一部が枯死し、現在は2本に分かれている。

【見ごろ】4月中旬~下旬
【品　種】エドヒガン
【樹　齢】推定1100年以上
【天然記念物指定】国

荘川桜
岐阜県高山市荘川町

光輪寺と照蓮寺から移植された桜。無帽といわれた前代未聞の老巨木の移植を成功させた奇跡の桜である。

【見ごろ】4月下旬~5月上旬
【品　種】エドヒガン
【樹　齢】推定450年

河津桜
静岡県賀茂郡河津町

早咲きのカワズザクラの名所。2月上旬から1ヶ月に渡り、約8千本が咲く。菜の花と濃紅の桜がよく合う。

【見ごろ】2月中旬~3月上旬
【催　事】河津桜まつり

大室山・さくらの里
静岡県伊東市

桜は35種、約3千本。10月~5月まで長く桜を楽しめる。春の菜の花、秋のコスモスも美しく、人気スポット。

【見ごろ】3月中旬~4月中旬
【催　事】さくらの里祭り

粟ケ岳
静岡県掛川市

標高532m。山頂への道路沿いは桜花で埋まる。大井川、牧ノ原台地に広がる茶園、富士山なども眺望できる。

【見ごろ】4月7日~4月17日

駿府公園
静岡県静岡市葵区

静岡市の代表的な桜名所。園内には約700本の桜があり、「大御所花見行列」など様々なイベントで賑わう。

【見ごろ】3月下旬~4月上旬
【催　事】静岡まつり

冨士霊園
静岡県駿東郡小山町

約1万本の桜が並木状、林状に植えられ、広大な霊園を桜花が埋め尽くす。中でも中央通りの桜並木が見所。

【見ごろ】4月12日~4月22日

狩宿の下馬桜
静岡県富士宮市

日本最古のヤマザクラで、日本五大桜の一つ。源頼朝が巻狩りを行った際、馬を繋いだ桜だという説が残る。

【見ごろ】4月上旬~中旬
【品　種】ヤマザクラ
【樹　齢】800年超
【天然記念物指定】国

甲信越・北陸地方

丸岡城 霞ヶ城公園
福井県坂井市

約400本のソメイヨシノがあり、開花期には丸岡城が花の霞に浮かび立つため、別名「霞ヶ城」とも呼ぶ。
【見ごろ】4月6日～4月12日
【催　事】丸岡城さくら祭り

足羽川桜並木・足羽山公園
福井県福井市

足羽川の桜並木は2.2㎞の桜トンネルとなり、足羽公園は山全体が薄紅色に染まり、市全体が桜一色となる。
【見ごろ】4月10日～4月15日
【催　事】ふくい春まつり

大滝神社のぜんまい桜
福井県越前市大滝町

ゼンマイの収穫期に満開になる点が名の由来。地上から約3mのところで二股に分かれた巨桜として有名。
【見ごろ】4月上旬～中旬
【品　種】エドヒガン
【樹　齢】400年
【天然記念物指定】県

兼六園
石川県金沢市

林泉回遊式大庭園を流れる曲水と桜がよく調和している。兼六園菊桜や兼六園熊谷など固有の名桜もある。

【見ごろ】4月中旬～下旬

石川県農林総合研究センター 林業試験場 樹木公園
石川県白山市

北陸のサトザクラの名所。800種、約1万5千本の樹木がある園内には、桜が約130品種、約900本ある。
【見ごろ】4月上旬～4月下旬
【催　事】緑と桜に親しむ日

能登さくら駅
石川県鳳珠郡穴水町

通称「能登さくら駅」の名をもつ能登鹿島駅。100本の桜がトンネルを作って華やかに利用客を出迎える。
【見ごろ】4月10日～4月20日
【催　事】花見だよ能登さくら駅

松月寺大桜
石川県金沢市寺町

別名「御殿桜」。本寺中興至岸和尚が、三代藩主前田利常から小松城内にあった桜を拝領したと伝えられる。
【見ごろ】4月上旬～中旬
【品　種】ヤマザクラ
【樹　齢】350年
【天然記念物指定】国

高岡古城公園
富山県高岡市

桜は2700本。種類が多いため、長く桜を楽しめる。桜花が全園を覆い、夜桜はぼんぼりの燈で演出される。
【見ごろ】4月10日～4月16日
【催　事】高岡桜まつり

松川公園
富山県富山市

市街中心部を流れる松川の両岸、約2.5㎞の桜並木。開花期間中には、全国チンドンコンクールも開催される。

【見ごろ】4月6日～4月14日

駒つなぎ桜
富山県氷見市栗原湊

越中の国守であった大伴家持が能登へ渡

兼六園（石川県）

素桜神社の神代桜(長野県)

る際、この桜木に馬を繋いだ説が名の由来。「駒止め桜」とも呼ぶ。
【見ごろ】 3月下旬
【品　種】 エドヒガン
【樹　齢】 460年
【天然記念物指定】 県

大法師公園
山梨県南巨摩郡富士川町

大法師山中腹にある富士山を望む眺望のよい公園。開花時には、約2千本の桜で園内が埋め尽くされる。
【見ごろ】 4月上旬
【催　事】 大法師さくら祭り

身延山・久遠寺の枝垂れ桜
山梨県南巨摩郡身延町

祖師堂を飾る2本のシダレザクラは花、樹形ともに美しい。山域にシダレザクラを中心に約1千本の桜が咲く。
【見ごろ】 3月下旬～4月上旬
【品　種】 シダレザクラ（エドヒガンの変種）
【樹　齢】 400年超

山高神代桜
山梨県北杜市武川町

日本で最古の桜で国指定天然記念物第一号。ヤマトタケルノミコトが東征の折に植えたという説が名の由来。
【品　種】 エドヒガン
【樹　齢】 1800～2000年
【天然記念物指定】 国

神田の大糸桜
山梨県北杜市小淵沢町

田んぼの中央に位置し、見晴らしがよい。残雪を残した甲斐駒ヶ岳、八ヶ岳などの山々と桜との調和が見所。
【見ごろ】 4月中旬～下旬
【品　種】 シダレザクラ（エドヒガンの変種）
【樹　齢】 400年
【天然記念物指定】 県

わに塚の桜
山梨県韮崎市神山町

日本武尊の王子・武田王がこの地を治め、埋葬されたことから、王仁塚《わにづか》と呼ぶ説が有力である。
【見ごろ】 4月上旬～中旬
【品　種】 エドヒガン
【樹　齢】 300年

長姫のエドヒガン
長野県飯田市追手町

飯田城主の家老・安富氏の邸宅跡という点から「安富桜」とも呼ばれる。現在は飯田市美術博物館の前庭。
【見ごろ】 4月上旬～4月中旬
【品　種】 エドヒガン
【樹　齢】 450年以上
【天然記念物指定】 県

大西公園
長野県下伊那郡大鹿村

南信州を代表する桜名所の一つ。桜は130品種3千本。眼前には残雪の赤石岳を望め、その絶景でも人気。
【見ごろ】 4月15日～4月25日
【催　事】 大鹿さくら祭り

千人塚公園
長野県上伊那郡飯島町

残雪の山々を背景に、伊那路で最も遅咲きの千本桜が有名。園内の城ヶ池に桜花が散った姿も情緒がある。
【見ごろ】 4月12日～4月20日
【催　事】 信州いいじま桜まつり

権現桜
長野県上伊那郡箕輪町

地上1.3mの所で大きく枝分かれし、一方の花は赤く、他方は白く開花するため、「夫婦桜」とも呼ばれる。
【見ごろ】 4月下旬～5月上旬
【品　種】 エドヒガン
【樹　齢】 推定1000年
【天然記念物指定】 県

高遠城址公園
長野県伊那市高遠町

「天下第一の桜」と称される名所。明治初期に植樹されたタカトウコヒガンザクラが残雪の山々とよく合う。
【見ごろ】 4月中旬
【催　事】 高遠さくら祭り

小諸城址「懐古園」
長野県小諸市

千曲川を望む高台にある桜名所。小諸にしかないコモロヤエベニシダレは花の色が濃く、非常に美しい。
【見ごろ】 4月中旬～下旬
【催　事】 懐古園桜まつり

上田城跡公園
長野県上田市

桜は約700本。ライトアップされた夜桜も楽しめる。上田城のやぐらを見上げた際の壮大な景色も見もの。
【見ごろ】 4月中旬
【催　事】 上田城千本桜まつり

臥竜公園
長野県須坂市

約800本の桜があり、竜ヶ池に映る桜と老松の緑が美しい公園。とくに300m続く桜のトンネルが魅力。
【見ごろ】 4月10日～25日ごろ
【催　事】 臥竜公園「さくらまつり」

素桜神社の神代桜
長野県長野市芋井泉平

スサノオノミコトが差した杖が大きくなったという説が残る。謡曲「素桜」のモデルともいわれている。
【見ごろ】 4月下旬～5月上旬
【品　種】 エドヒガン
【樹　齢】 推定1200年
【天然記念物指定】 国

宇木の千歳桜
長野県下高井郡山ノ内町よませ温泉

昭和3年の天皇御大典を記念して「千歳桜」と命名された。りんご畑に立つ、現在も樹勢が盛んな一本桜だ。
【見ごろ】 4月下旬～5月上旬
【品　種】 エドヒガン
【樹　齢】 推定850年
【天然記念物指定】 県

高田公園
新潟県上越市

三重櫓の照明と3千個のぼんぼりの燈で、四千本の桜がお堀に映える。「日本三大夜桜」の一つとして有名。
【見ごろ】 4月10日～4月15日ごろ
【催　事】 高田城百万人観桜会

大河津分水
新潟県燕市

分水公園と大河津分水堤防の6㎞に渡る桜並木。古木のため、現在、補植や樹勢回復に取り組んでいる。
【見ごろ】 4月16日～4月29日
【催　事】 桜まつり（分水おいらん道中）

村松公園
新潟県五泉市

春には、約3千本の桜がいっせいに咲く。穂咲八重彼岸桜という公園固有の品種もあり、夜桜も楽しめる。
【見ごろ】 4月中旬
【催　事】 むらまつ桜まつり

小木の御所桜
新潟県佐渡市

約800年前、順徳天皇の御手植え説が残り、現在は四代目。一重と八重の白花が混じり咲くニオイザクラ。
【見ごろ】 4月下旬～5月上旬
【品　種】 サトザクラの一種

極楽寺の野中桜
新潟県阿賀町両郷甲

花径は約6㎝と大きく、濃紅の美しい花を咲かせる野生のベニヤマザクラが変形したものである。
【見ごろ】 4月中旬～下旬
【品　種】 ベニヤマザクラの変種
【天然記念物指定】 国

関東地方

小田原城址公園・城山公園
神奈川県小田原市

桜は約1千本あり、中でも濠沿いの桜並木が美しい。朱塗りの学橋と隅櫓、濠が桜と一体となり、絶景である。
【見ごろ】3月30日～4月5日
【催　事】小田原さくら祭り

長興山の枝垂桜
神奈川小田原市

江戸時代の藩主、稲葉正則が植えたといわれ、満開時は花が滝のように垂れて美しく、花見客で賑わう。
【見ごろ】3月下旬～4月上旬
【品　種】シダレザクラ（エドヒガンの変種）
【樹　齢】約340年

飯山白山森林公園
神奈川県厚木市

面積33haと広大な園内は、県央地区最大の約3千本の桜で彩られる。隣接する飯山観音も桜名所として有名。
【見ごろ】4月10日～4月15日
【催　事】あつぎ飯山桜まつり

衣笠山公園
神奈川県横須賀市

明治40年に開園した古い公園で、桜名所として地元民に親しまれている。園内全域が桜で埋まる景観が見所。
【見ごろ】4月上旬～4月中旬
【催　事】衣笠さくら祭り

三渓園
神奈川県横浜市

実業家・原三溪氏により、明治39年に公開された広大な園内。京都などから移築された歴史的建造物も魅力。
【見ごろ】3月下旬～4月上旬
【催　事】三溪園観桜の夕べ

こどもの国
神奈川県横浜市

97haの園内に約千本の桜があり、特に200mのシダレザクラの土手は見もの。春は白鳥湖を中心に賑わう。

【見ごろ】4月4日～4月10日

県立三ツ池公園
神奈川県横浜市鶴見区

三つの池とそれを囲む樹林によって造られる自然豊かな公園。78品種、1200本の桜が春を彩る。

【見ごろ】4月7日～4月12日

大島の桜株
東京都大島町泉津福重

最古最大のオオシマザクラ。幹の周囲から伸びた枝先が地につき、根を張って大きな桜株となっている。
【見ごろ】3月下旬～4月初旬
【品　種】オオシマザクラ
【樹　齢】800年
【天然記念物指定】国特別

隅田公園
東京都墨田区

江戸時代からの桜名所。補植が繰り返され、現在は吾妻橋から桜橋まで、両岸約1kmに渡って桜並木が続く。
【見ごろ】3月27日～4月11日
【催　事】墨堤さくらまつり

[関東地方]

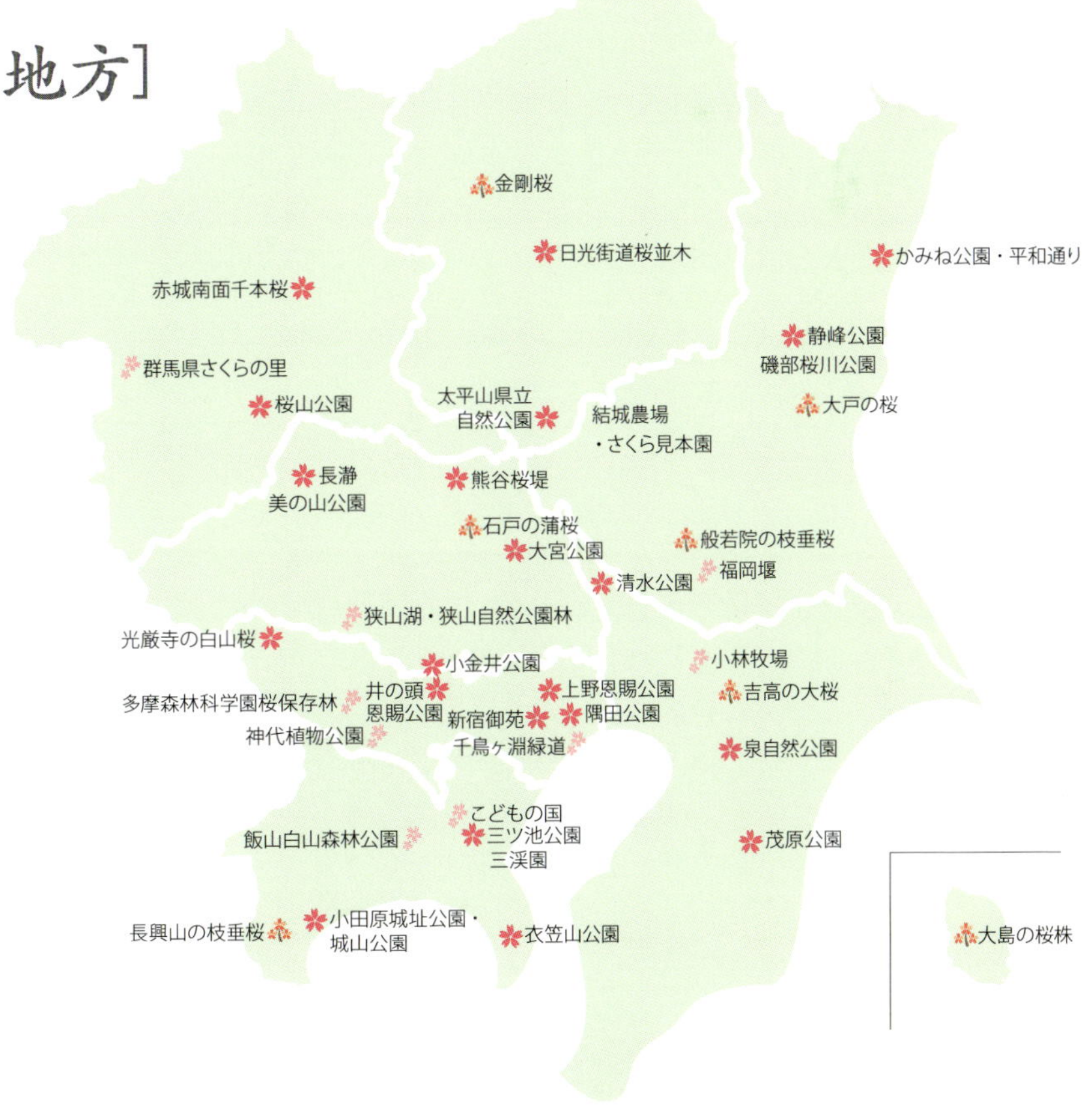

多摩森林公園（東京都）

新宿御苑（東京都）

上野恩賜公園
東京都台東区

通称・アブアブ広場から上野動物園入り口までの区間、約300mの桜並木が名所で、多くの花見客で賑わう。

【見ごろ】3月31日～4月5日

千鳥ヶ淵緑道
東京都千代田区

緑豊かな憩いの場。延長760mの緑道は桜に埋まり、対岸の石垣や濠は、江戸の昔を偲ばせる。
【見ごろ】4月1日～4月6日
【催　事】千代田のさくらまつり

新宿御苑
東京都新宿区

園内全域に様々な品種の桜が植栽されており、開花時は全体が桜で埋め尽くされる。桜は、約65種1100本。

【見ごろ】3月28日～4月5日

神代植物公園
東京都調布市

園内に約4500種、10万株の植物が四季を彩る。濃紅色の「神代曙」は有名。東京都の緑化推進の基地である。

【見ごろ】3月25日～4月8日

井の頭恩賜公園
東京都武蔵野市

池の周囲に約400本のソメイヨシノが咲く。水に映る満開の桜や、花吹雪が水面に散るさまは見事である。

【見ごろ】3月29日～4月8日

小金井公園
東京都小金井市

江戸時代から知られる桜名所。園内には「桜の園」もあり、ヤマザクラ、ソメイヨシノなど立派な巨木が多い。
【見ごろ】4月上旬～中旬
【催　事】小金井桜まつり

国立研究開発法人　森林総合研究所 多摩森林科学園
東京都八王子市高尾

桜の名木、古木の遺伝子を保存する研究機関。約8haに約600栽培ライン、1300本の桜を長く楽しめる。

【見ごろ】3月下旬～5月上旬

光厳寺の山桜
東京都あきる野市戸倉

境内東端の斜面にあるヤマザクラ。山の斜面に幹を這わせるような枝振りは他になく、花見客を引きつける。
【見ごろ】4月中旬～下旬
【品　種】シロヤマザクラ
【樹　齢】400年
【天然記念物指定】都

茂原公園
千葉県茂原市

ソメイヨシノやヤマザクラなど多数の桜が植栽されており、展望台のある道表山からの眺めは絶景で見所。

【見ごろ】4月上旬～中旬

泉自然公園
千葉県千葉市

昭和44年開園の公園。自生のヤマザクラやソメイヨシノが多く、自然の中でゆっくりと花見を楽しめる。

【見ごろ】4月上旬～中旬

小林牧場
千葉県印西市

牧場入口から約340mがソメイヨシノ、その先約370mはヤエザクラと並木が続き、桜のトンネルで魅了。

【見ごろ】4月上旬～中旬

吉高の大桜
千葉県印西市吉高

開花期はピンク色の小山のような景観となる。「小林牧場の桜」とともに印西市の二大花見スポットである。
【見ごろ】4月上旬
【品　種】ヤマザクラ
【樹　齢】300年超

清水公園
千葉県野田市

桜トンネルや、自然林の緑に浮き出される桜の花模様、老木のうろから生えた「劫初の桜」など見所が豊富。
【見ごろ】4月6日～4月15日
【催　事】清水公園桜まつり

大宮公園
埼玉県さいたま市

明治18年に開園した埼玉県初の公園として有名。赤松林を背景に、1200本のソメイヨシノが咲き誇る。
【見ごろ】4月10日～4月16日
【催　事】大宮さくら祭り

石戸の蒲桜
埼玉県北本市石戸宿

東光寺の境内にある日本五大桜の一つ。名称の由来は源頼朝の弟「蒲冠者・源範頼」にちなんだとされる。
【見ごろ】3月下旬～4月上旬
【品　種】ヤマザクラとエドヒガンの交配種
【樹　齢】800年
【天然記念物指定】国

熊谷桜堤
埼玉県熊谷市

古くから知られる桜の名所で、現在でも約2㎞に渡って500本のソメイヨシノを楽しむことができる。
【見ごろ】4月上旬～中旬
【催　事】熊谷さくら祭り

狭山湖・狭山自然公園
埼玉県所沢市・東京都東村山市

武蔵野の自然が残る狭山丘陵の中心地で、約二万本の桜が狭山湖畔を彩る。近隣にはレジャー施設も多い。

【見ごろ】4月9日～4月16日

長瀞
埼玉県秩父郡長瀞町

「花の長瀞あの岩畳……」と秩父音頭に唄われるように町内各所に桜が並木や群状、単木的に植栽されている。
【見ごろ】4月5日～4月15日
【催　事】さくらまつり

美の山公園
埼玉県秩父市皆野町

秩父を代表する桜名所。ヤマザクラ、ソメイヨシノを中心に約100種、8千本あり、長く桜を楽しめる。

【見ごろ】4月上旬～下旬

桜山公園
群馬県藤岡市

「フユザクラ」の名所。春の桜と異なり開花期間が長く、紅葉と花見が同時に楽しめ、遠方からの花見客も多い。
【見ごろ】11月中旬～12月中旬
【催　事】桜山まつり

群馬県さくらの里
群馬県甘楽郡下仁田町

奇岩で知られる妙義山の山麓一帯がさくらの里で、約50種、1万5千本の桜が妙義山を桜色に染め上げる。
【見ごろ】4月16日～5月6日
【催　事】妙義山さくら祭

赤城南面千本桜
群馬県前橋市

標高431～700mと高低差があり長く桜を楽しめる。ソメイヨシノが約2㎞続く花のアーチが魅力だ。
【見ごろ】4月上旬～中旬
【催　事】赤城南面千本桜まつり

太平山県立自然公園 栃木県栃木市

標高343mの太平山を中心とした園内には4千本の桜が咲く。とくに、遊覧道路の桜トンネルが見ものだ。
【見ごろ】4月上旬～中旬
【催　事】とちぎ花まつり

日光街道桜並木 栃木県宇都宮市

宇都宮市戸祭町から今市市山口までの約16㎞に、約千五百本のヤマザクラが咲き、行き交う人を魅了する。

【見ごろ】4月中旬～5月上旬

金剛桜 栃木県日光市山内

日光山輪王寺の大僧正が移植させた桜で、大僧正の諡号「金剛心院」が名の由来。ヤマザクラの突然変異種。
【見ごろ】4月下旬～5月上旬
【品　種】ヤマザクラ
【樹　齢】500年
【天然記念物指定】国

般若院の枝垂桜 茨城県龍ヶ崎市根町

般若院境内の本堂裏手に立つ巨老樹。樹齢400年以上のエドヒガンの園芸品種で高さは10m以上である。
【見ごろ】4月上旬～下旬
【品　種】シダレザクラ(エドヒガンの変種)
【樹　齢】400年以上
【天然記念物指定】県

福岡堰 茨城県つくばみらい市

堰から取水口まで約2㎞に渡るソメイヨシノは300本。水をたたえた堰が、桜の美しさを引き立てる。

【見ごろ】4月10日～4月17日

大戸の桜 茨城県東茨城郡茨城町

大正初期には巨桜だったが、現在は根元周囲約7m、高さは15mほど。黄門様も鑑賞したという説もある。
【見ごろ】4月上旬～中旬
【品　種】シロヤマザクラ
【天然記念物指定】国

(公財)日本花の会 結城農場・さくら見本園 茨城県結城市

国内外から約350種の桜を収集して植栽。品種の特性調査や優良品種の選抜、保護育成などの研究を行う。
【見ごろ】4月中旬
【催　事】桜見本園　一般公開

磯部桜川公園 茨城県桜川市

日本で最も古くから知られている桜名所。磯部稲村神社周辺にヤマザクラを中心に、約千本の桜が咲く。
【見ごろ】4月10日～4月15日
【催　事】名勝「桜川」の桜祭り

静峰公園 茨城県那珂市

12haの広大な園内には、起伏に富んだ散策コースに紅の濃い2万本の八重桜が咲き誇る。夜桜も見もの。
【見ごろ】4月25日～5月5日
【催　事】八重桜祭り

かみね公園・平和通り 茨城県日立市

太平洋が一望できる景勝地で桜は約1千本。約1㎞に渡る平和通り桜並木は、夜のライトアップで魅力が増す。
【見ごろ】4月6日～4月13日
【催　事】日立さくらまつり

東北地方

三春町の枝垂桜 福島県田村郡三春町

滝桜の子孫である2千本ともいわれるシダレザクラが町内に咲く。福聚寺桜、地蔵桜、八十内かもん桜など、樹齢数百年の古桜・巨桜も数多くある。
【見ごろ】4月中旬～下旬
【催　事】ライトアップ

三春滝桜 福島県田村郡三春町

日本三大桜の一つで、最古最大のシダレザクラ。
【見ごろ】4月中旬～下旬
【品　種】シダレザクラ(エドヒガンの変種)
【樹　齢】1200年
【天然記念物指定】国

［東北地方］

舘野公園(青森県)

桧木内川堤・武家屋敷(秋田県)

開成山公園
福島県郡山市

明治初年、灌漑のため池の堤に植栽されたのが始まり。園内の神社境内には屋台が並び、夜桜見物客で賑わう。

【見ごろ】4月13日～4月19日

霞ヶ城公園
福島県二本松市

園内は地形が段状のため、花見の宴に適した名所。全域桜に包まれ、夜はぼんぼりが灯り、花見客を魅了する。
【見ごろ】4月10日～5月3日
【催　事】霞ヶ城公園さくら祭り

夜の森公園
福島県双葉郡富岡町

約2千本の桜並木トンネル。2011年東日本大震災前までは、浜通り随一の桜名所として親しまれていた。
※残念ながら、平成27年現在、原発事故により前町民が避難中で、花見を楽しむことはできない。

信夫山公園・花見山公園
福島県福島市

信夫山公園には約6千本の桜が咲き誇り、花見山公園には多種の桜が咲き、市内外から多くの客が訪れる。

【見ごろ】4月中旬～下旬

鶴ヶ城公園
福島県会津若松市

若松城跡を中心に天守閣、廊下橋、濠の景観と、桜のコントラストが見所。夜はライトアップされる。
【見ごろ】4月17日～4月22日
【催　事】鶴ヶ城さくら祭り

会津五桜（石部桜／杉の糸桜／薄墨桜／虎の尾桜／大鹿桜）
福島県会津若松市

会津地域は桜名所が多く、中でも会津五桜と称される古木は有名。満開時には見事な景観を作り出す。
【見ごろ】4月下旬～5月上旬
【品　種】エドヒガン／シダレザクラ／サトザクラ
【樹　齢】石部桜600年

馬場桜
福島県安達郡大玉村

源八幡太郎義家・馬場跡とされる福満虚空蔵尊境内の古木。近年、衰えが目立つため、樹勢回復作業中だ。
【見ごろ】4月20日頃
【品　種】エドヒガン
【天然記念物指定】国

久保桜／薬師桜／釜の越桜、他
山形県置賜さくら回廊
（長井市、南陽市、白鷹町）

樹齢500年を超える巨木、名木、古典桜が多数。山形鉄道フラワー長井線に沿って連なるように咲き誇る。
【見ごろ】4月下旬～5月上旬
【樹　齢】久保桜・薬師桜1200年
【天然記念物指定】国、県、町

烏帽子山公園
山形県南陽市

赤湯温泉の高台にあり、老桜が多い。樹齢約100年のシダレザクラが烏帽子山八幡宮の大鳥居に映える。
【見ごろ】4月20日～4月25日
【催　事】さくら祭り

鶴岡公園
山形県鶴岡市

堀端のぼんぼりに照らされた桜並木と大正時代の建築物、大宝館や郡役所、藩校致道館との調和が美しい。
【見ごろ】4月17日～4月22日
【催　事】鶴岡さくら祭り

真人公園
秋田県横手市増田町

大正天皇即位記念事業として造園され、松の緑の真人山を背景に、池と中島を設けた名園。桜は約2千本。
【見ごろ】4月26日～5月2日
【催　事】真人公園さくら祭り

千秋公園
秋田県秋田市

明治初年、佐竹藩居城跡に造成された歴史公園。桜の季節には特設ステージでの各種イベントで盛り上がる。
【見ごろ】4月15日～4月20日
【催　事】千秋公園桜まつり

桧木内川堤・武家屋敷
秋田県仙北市角館町

角館の武家屋敷のシダレザクラと、桧木内川堤の約2km続くソメイヨシノの桜トンネルは全国的に有名だ。
【見ごろ】4月23日～4月27日
【催　事】角館の桜祭り

白石川堤・船岡城址公園
宮城県柴田郡大河原町・柴田町

遠くに残雪を抱いた蔵王連山と白石川堤の一目千本桜、山城の船岡城址公園の桜が一体化し、絶景を生み出す。
【見ごろ】4月17日～4月20日
【催　事】しばたさくら祭り

日和山公園
宮城県石巻市

眼下に旧北上川河口と太平洋が広がり、左に牡鹿半島、右には松島や蔵王の山々を眺望できる景勝地である。
【見ごろ】4月中旬～下旬
【催　事】日和山観桜ライトアップ

榴岡公園
宮城県仙台市

ツツジの名所であり、仙台を代表するシダレザクラの名所。京都から移植されたセンダイシダレが有名だ。

【見ごろ】4月中旬～下旬

塩竈《しおがま》桜
宮城県塩竈市　鹽竈神社

花は淡紅色の大輪で、ごく短い花軸に密に群生する。平安時代の堀河上皇の御製に塩竈桜の名が登場する。
【見ごろ】4月下旬
【品　種】サトザクラ系の八重桜
【天然記念物指定】国

北上展勝地
岩手県北上市

北上川沿い約2kmに渡る桜並木は、桜のトンネルとなって空を覆い尽くす。ライトアップされた夜桜も人気。
【見ごろ】4月23日～4月28日
【催　事】展勝地さくらまつり

岩手公園・高松公園
岩手県盛岡市

約600本の桜が盛岡城跡の苔むした石垣と調和し、城下町の風情漂う。高松公園も古くから有名な桜名所。
【見ごろ】4月23日～4月30日
【催　事】盛岡さくらまつり

小岩井農場の一本桜

岩手県岩手郡雫石町

小岩井農場の緑の大地に根を張る一本桜。強い日差しから牛を守る「日陰樹」として植えられたのが始まり。

【見ごろ】　5月上旬
【品　種】　エドヒガン
【樹　齢】　約100年

石割桜

岩手県盛岡市内丸

盛岡地方裁判所前、周囲21ｍの巨大な花崗岩を割って伸びることが名の由来。品種はエドヒガン。

【見ごろ】　4月中旬～4月下旬
【品　種】　エドヒガン
【樹　齢】　360年
【天然記念物指定】　国

舘野公園

青森県上北郡六戸町

約2千本のヤマザクラが咲き誇る。春まつりでは、東北馬力大会、軍鶏闘技大会など各種イベントを開催。

【見ごろ】　4月29日～5月3日
【催　事】　六戸春まつり

弘前公園

青森県弘前市

日本を代表する桜名所。桜は管理が行き届き、色、質ともに見事で、天守閣、濠、岩木山と桜との調和が魅力だ。

【見ごろ】　4月下旬～5月上旬
【催　事】　弘前さくらまつり

芦野池県立自然公園

青森県五所川原市金木町

桜と黒松の調和が魅力の公園で、地元民から長く親しまれてきた。太宰治の生誕地で太宰橋や文学碑も有名。

【見ごろ】　4月下旬～5月上旬
【催　事】　金木桜まつり

二十間道路桜並木（北海道）

北海道地方

松前公園

北海道函館市

サトザクラの名所として全国的に有名。松前固有の品種ほか約250種、1万本の八重桜類が咲き競う。

【見ごろ】　5月5日～5月12日
【催　事】　松前さくらまつり

二十間道路桜並木

北海道日高郡

幅36ｍの道路に、約7㎞続く壮大な桜並木。植栽から80年以上経過した約3千本のエゾヤマザクラなどが咲く。

【見ごろ】　5月9日～5月13日
【催　事】　しずない桜まつり

五稜郭公園

北海道函館市

角が星形に突き出た城郭。外側にソメイヨシノ、内側には遅咲きのサトザクラ類が咲き、長く桜を楽しめる。

【見ごろ】　5月上旬
【催　事】　函館五稜郭祭り

円山公園・北海道神宮

北海道札幌市

円山公園と隣接する北海道神宮境内はエゾヤマザクラとソメイヨシノが有名。古くから地元民を魅了する。

【見ごろ】　5月上旬

清隆寺の千島桜

北海道根室市

桜前線の終着の地。親木は明治19年、国後島から移植されたといわれている。品種はタカネザクラの変種。

【見ごろ】　6月下旬～7月上旬
【品　種】　チシマザクラ
【樹　齢】　130年
【天然記念物指定】　道

描かれた桜

桜を愛してやまない日本人の心は、芸術の世界にも表れています。絵画においては「桜図」というジャンルがあり、古より、多くの画家が桜を題材にしていたことが伺えます。ここでは、桜に関する作品展示で高く評価されている美術館とその所蔵作品、また注目の画家をご紹介します。

※写真はすべて「西宮市笹部桜コレクション―白鹿記念酒造博物館寄託―」。解説は、白鹿記念酒造博物館発行「櫻つれづれ」より引用。

西宮市笹部桜コレクション ―白鹿記念酒造博物館寄託―

酒造りの歴史を後世に正しく伝えていく事を目的に、昭和57（1982）年に設立された博物館。「酒蔵館」と「記念館」で構成され、記念館の「笹部さくら資料室」では、桜に生涯をささげた笹部新太郎氏（P148参照）の紹介や収集資料を展示。春には特別展が開催される。

❖兵庫県西宮市鞍掛町8-21
❖0798-33-0008
❖www.hakushika.co.jp/museum

「古伊万里錦手桜花御殿文鉢」

昭和16年、笹部氏が東京で「桜の会」に出席した帰り道で購入。『櫻に因む蒐集品控Ⅰ』に「外側の櫻は珍しく又すばらしい」、「主人は大きすぎるのと深すぎるのが難だといふ。僕も同じことを考へる」と残している。

「桜花浮彫香入と桜花形ねり香」

笹部氏は『櫻男行状』に、「お葬いの焼香は、殊に京都では昔ながらの香合に用意して行った香を、しめやかに焚くことが多いので、…（中略）…桜にゆかりの人へは私は桜花形のねり香を焚く」と記している。

「桜図」

18世紀（江戸中期）　花顛・三熊思考《みくましこう》

笹部氏が昭和26年に大阪の書画店で購入。「本紙、表装双つながら極々上の保存、軸も象牙で櫻の文献としてはまことに上々の最高級品」「再び得がたい逸品としてなけなしの金で求める」と『櫻に因む蒐集品控Ⅲ』に記述。

《夜桜》　昭和61（1986）年　加山又造《かやままたぞう》
加山又造は京都市生まれの日本画家。東京美術学校卒業の後、山本丘人に師事。モダンな感覚と日本画の伝統美が融合した作風で見る者を惹きつけてやまない。

山種美術館

日本独特の自然や風土の中で磨かれてきた日本画の魅力を未来に引き継ぐことを目指して収集された、約1800点を所蔵。明治から現在までの近代・現代日本画を中心に古画、浮世絵、油彩画なども含まれる。平成28（2016）年には50周年を迎え、名品の数々を公開。

❖東京都渋谷区広尾3-12-36
❖03-5777-8600（ハローダイヤル）
❖www.yamatane-museum.jp

3.

2.

1.

1. 2.
《四季草花下絵和歌短冊帖》　桜花（右）桜（左）
17世紀（江戸時代）
俵屋宗達《たわらやそうたつ》（絵）　本阿弥《ほんあみ》光悦（書）
6曲の屏風に20枚の短冊が貼り付けられて伝来し、現在は18枚が画帖に収められ、そのうちの2図。俵屋宗達が描いた下絵に、本阿弥光悦の書で和歌がしたためられている。

3.
《月四題》「春」　明治42～43（1909～1910）年
菱田春草は長野県出身の日本画家。東京美術学校を卒業後、古社寺で古画模写に従事。諸外国を旅した後、新たな画風を模索するも志半ばで夭折。

※写真はすべて「山種美術館蔵」。解説は、山種美術館発行「桜さくらサクラ　名品画集」より抜粋。

「素桜神社の神代桜」 1996年　中島千波

長野県長野市芋井にある樹齢1200年の江戸彼岸桜。画面からはみ出すような古木の幹の表現と、何万枚と描かれた桜の花びらは圧巻。

おぶせミュージアム

中島千波《なかじまちなみ》館

現代日本画の中心作家の一人、中島千波氏の作品を紹介する「中島千波館」、小布施の伝統文化財である祭り屋台を収納展示する「屋台蔵」や、様々な展覧会を開催する「企画展示室」、ショップやカフェなどがある。

❖長野県上高井郡小布施町小布施５９５
❖０２６‐２４７‐６１１１
❖www.town.obuse.nagano.jp/site/obusemuseum

中島千波《なかじまちなみ》
父は画家・中島清之で、父の疎開先の長野県小布施で１９４５年に生まれる。自然と日本画の世界へ進み、新しい日本画の創造を目指す。人物画をライフワークに、花鳥画も得意とし、特に桜の作品は人気が高い。そのほか天井画や歌舞伎座の緞帳などにも取り組む。東京藝術大学名誉教授。

※写真はすべて「おぶせミュージアム・中島千波館 所蔵」。

「山桜」 1991年　中島千波

「別冊文藝春秋」の表紙絵に使用された作品。開いた花、つぼみ、枝、葉と小ぶりな作品でありながらどの部分も丁寧に描かれている。

「秀吉公四百年忌—桃山の心」
平成9(1997)年
高台寺にて、ライティングデザイナー内原智史氏プロデュースによるアートイベントを行う。「秀吉公とねね様に現代の花見をして頂こう」と、破心庭に40坪の大きさの舞台を作り、波に桜の花びらを描いた。この屋外でのアートインスタレーションは新しい表現となった。

弊誌の表紙にもなっている「泉琳桜」

女流画家　山岸泉琳《やまぎしせんりん》

東京都生まれ。安土桃山時代から江戸にかけて絵師達が残した仕事に感銘を受け、日本画の道に進む。多摩美術大学を卒業後、パリ、ニューヨークで個展活動。帰国後、寺の襖絵や天井画に取り組む。代表作は、京都・高台寺の本堂の襖絵「枝垂れ桜」(写真下)で、本蓮寺の襖絵「薄墨桜」や寒川神社の「燕子花図」も制作。また、空間や生活の中の和の表現への思いから、高台寺のアートインスタレーション等も行う。最近では、使えるアートとしてパッケージアートも手掛けるなど、現代の絵師として生きることが同氏の思いである。

❖www.senrin.com

「春景—枝垂れ桜」
平成10(1998)年　山岸泉琳
高台寺(京都・東山)の襖絵を制作納品。寺院の襖絵を女性が描くということで大変話題になった作品でもある。この襖絵は、毎春、高台寺にて公開される。

世界の桜

もともと桜は、日本以外では実を採るためのもので、花を観賞するものではありませんでした。ロシアの文豪チェーホフの有名な戯曲「桜の園」も、舞台は〝サクランボ農園〟です。

観賞としての桜をヨーロッパに広めたのはシーボルトといわれています。当時、世界的にも優れていた日本の園芸品種や技術を欧米に持ち込み、その中に桜もありました。19世紀後半のジャポニズムブームでは、浮世絵などと共に桜の木も持ち込まれ、ガーデニングが盛んなイギリスでは交配も行われ、独自の品種が生まれるまでになりました。

海外の桜名所として有名なのはアメリカ・ワシントンではないでしょうか。そのルーツには二人の女性が関わっています。紀行作家で写真家であり、ナショナル・ジオグラフィック協会初の女性理事でもあるエリザ・シドモアが明治17年に、さらに明治36年には第27代大統領ウイリアム・タフトの夫人が日本を訪れ、桜の美しさに魅了されました。そして、この二人が殺風景だったポトマック川周辺に桜を植樹することを推進。さらに、その頃ニューヨーク在住だった科学者・高峰譲吉博士が、東京市長・尾崎行雄に協力を求め、東京市から桜の苗木が贈られることになったのです。今や「全米桜祭り」が開催されるほどの桜名所となっています。

一方アジアに目を転じると、中国ではもともと食用の実をつけるミザクラ（桜桃）が自生していますが観賞用ではなく、観賞用の桜は日本から輸出され、今では有名な桜の名所も存在します。

また韓国では、日本の植民地時代に造られた軍事施設や神社にソメイヨシノが多数植えられました。戦後は済州島原産でソメイヨシノによく似た王桜《ワンボッコ》が広く植えられ、ソウルの汝矣島や慶州・鎮海など、各地に桜名所があります。亜熱帯に属する台湾にも桜名所が各地にあり、1月から4月くらいまで、幾種類かの桜が咲き続けます。

「日本さくらの会」は、友好親善を目的に世界各国に桜を贈っており、桜はアジア・アフリカ・南北アメリカ、ヨーロッパなど63ヶ国に広がっています。なお海外では、華やかな関山《カンザン》に代表される八重桜が人気です。

世界有数の桜名所であるワシントンのポトマック湖畔。明治時代、日本を訪れた紀行作家のエリザ・シドモア、第27代大統領ウイリアム・タフトの夫人が桜に魅了されたことをきっかけに、ポトマック川周辺に日本からの桜が植樹された。毎春、盛大な桜祭りが行われる。

フランス・パリのトロカデロ庭園にはカンザンが植えられており、4月半ばに花を咲かせる。エッフェル塔を背景に桜が佇む様子は、なんとも不思議で心惹かれる光景だ。桜にはフランス語名もあるが、「SAKURA」としても知られている。

写真提供:世界文化社（撮影:武田正彦）／世界文化社刊　家庭画報2013年4月号より転載

知る桜

食べる桜の楽しさ、見る桜の魅力を感じていただいたなら、
より深く桜のことを知っていただきたいと思います。
〝知る〟ことで、桜の楽しみ方はもっともっと広がります。
最後の章は、日本人なら知っておいて欲しい植物としての桜の知識、
桜と日本人の係わりとその歴史、和歌や文学に登場する桜、
桜を植え、守る人々の物語をまとめました。

桜の基礎知識

桜は日本人にとって特別な花です。ところが、多くの日本人は、桜イコール染井吉野で、染井吉野以外の桜のことはよく知らないのです。日本人なら、これくらいは知っておいて欲しい、桜の基礎知識をお伝えしましょう。

植物としてのサクラ

桜は、バラ科サクラ亜科サクラ属の落葉性の樹木です。バラ科には、バラ・サクラ以外にリンゴ・ナシ・イチゴなどがあり、同じ形の花びらを5枚もつことが共通の特徴です。サクラもバラも、花弁が多い変種・栽培種が多くありますが、野ばらなど原種の花びらは5枚です。

サクラ亜属には、サクラ以外にウメ・モモ・スモモ(プラム)などがあり、その共通の特徴は、花は一本の雌しべに多数の雄しべを持ち、果実の中の大きな一個の種子(核)を持つことです。同じバラ科でも、リンゴやナシは複数の雌しべに多数の雄しべ、そして、果実の種も複数なのです。ウメ・モモ以外にもアンズやアーモンドなど、広義のサクラの仲間の花はどれもよく似ており、世界で４００種を超えるといわれています。一方、狭義のサクラの仲間は、私たちが見て楽しむ染井吉野《ソメイヨシノ》などの日本のサクラ、食べて楽しむサクランボのセイヨウミザクラなど、世界で１００種ほどといわれています。ここでいう種とは生物学で用いられている概念で、植物分類学的に自生野生の血縁的集団をまとめた単位です。

サクラ類の分類上の階層構造の位置づけ

バラ科

リンゴ属　キイチゴ属　ナシ属

サクラ亜科

ウメ属
モモ属
スモモ属(Prunus)
ウワミズザクラ属
バクチノキ属

サクラ属(Cerasus)
- ヤマザクラ
- オオシマザクラ
- エドヒガン

桜は何種類あるの？ 桜はどこから来たの？

それでは、日本には何種類のサクラがあるのでしょう？自生野生のサクラは、ヤマザクラ・オオヤマザクラ・オオシマザクラ・エドヒガン・カスミザクラ・カンヒザクラ・タカネザクラ・チョウジザクラ・マメザクラ・ミヤマザクラで、生物学的にはたった10種類に過ぎないのです。サクラは、決して日本固有でもなければ、日本原産でもなく、北半球の温帯・暖帯域に広く自生しています。

　その中で、日本のサクラのルーツはヒマラヤという説があります。ネパールに自生するヒマラヤザクラこそがサクラの原種で、ミャンマー北部高地から雲南、中国東南部・台湾から、日本列島、そして朝鮮半島や南サハリン・千島列島まで伝搬したという説です。なお、中国では長江流域から北部に広がり、種類も多く、主に果樹に用い、桜桃と呼んでいます。

　一方西域では、ロシア・コーカサス州やイラン北部の黒海沿岸域に自生していたサクラは果樹用、つまりサクランボを収穫するためにヨーロッパ各地で栽培され、やがて北米にまで広がりました。それが、明治に入ってから日本に導入されました。赤いダイヤモンドとも称される佐藤錦は日本で交配された代表的なサクランボです。

　日本列島の気候と相性が良かったのか、サクラは日本中の野山に広く分布しました。さらに、自生種の変異種や、異種の自生種が自然に交配した種間雑種も多数発生し、１００種類を超えるともいわれています。

　春の野山に出掛けると、温暖な地なら常緑樹林の緑の中で、寒冷地なら芽吹き前の落葉樹林の中で、白や薄紅のかたまりがポコリポコリと見えます。それはたいてい自生の桜、いわゆる山桜です。桜の実を食べた鳥や哺乳類が、人が入らない山中で排便した糞の中の種が芽を出し、長年かかって育ち、花をつけたのです。これは、一面淡いピンク色で塗り潰された染井吉野の花見名所にはない別の味わいがあります。当たり前のことですが、自生種の特徴は、実生《みしょう》で増えることです。

ネパールから中国、日本へと弧を描くサクラの分布

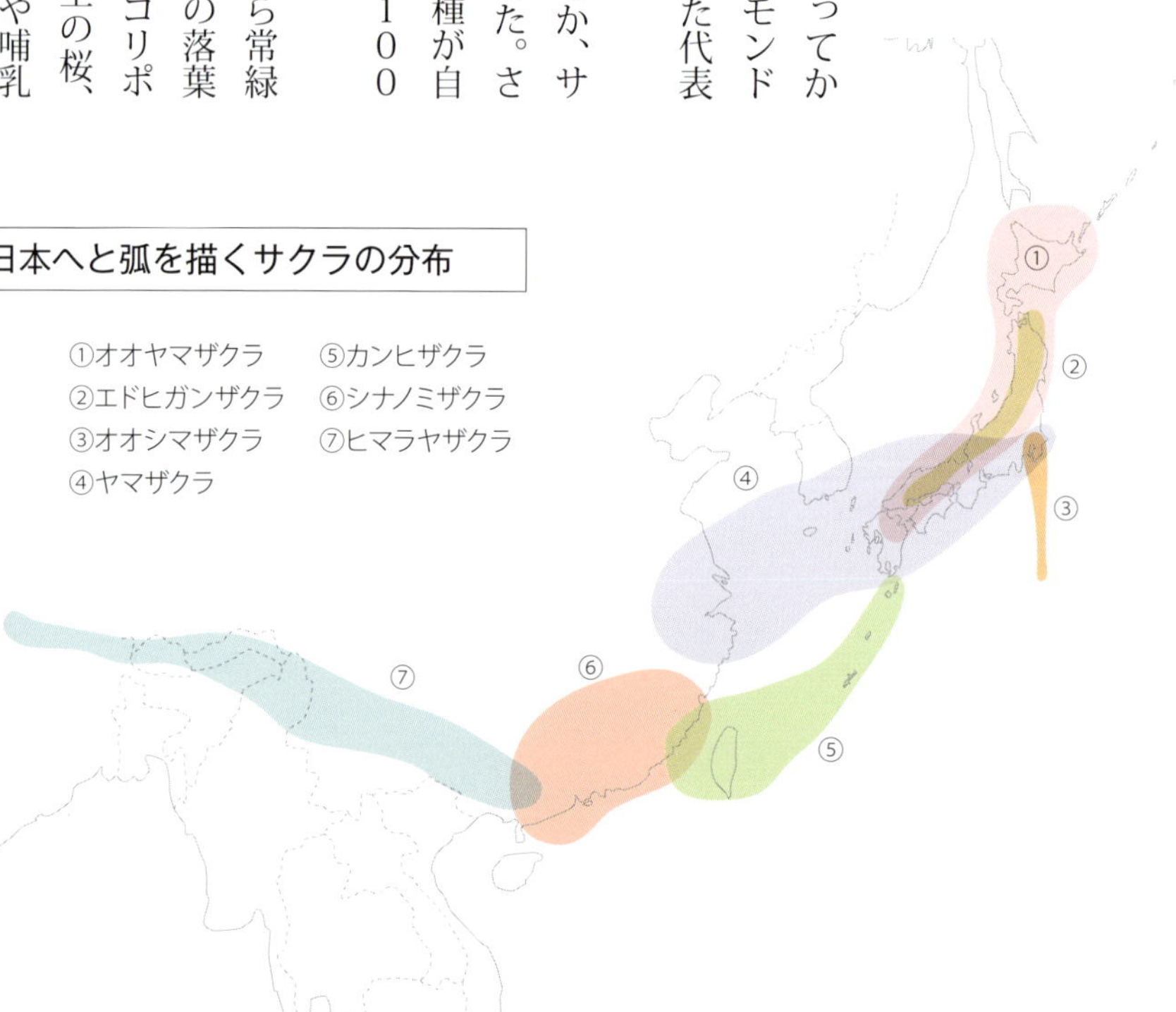

野生の桜と栽培の桜

優美な姿をみせる枝垂桜は、元々は野生のエドヒガンの突然変異で、細胞伸長を促進する植物ホルモン・ジベレリンの不足により、枝の立ち性の制御ができなくなり、枝が下に伸びるのです。この珍しい桜に価値を見出した古人が、里山から都に持ち帰り大事に育てたのです。華やかさを誇る八重桜も、元々は野生の桜同士の交雑や変異で生まれたものと考えられ、枝垂桜と同様、その価値を認め、人が守り育てたのです。

やがて、接ぎ木で増やしたり交配して、さらに新しい品種を創り出していきました。こうしたものを栽培種（園芸品種）といいます。現在、八重咲きの桜など栽培種の多くは里桜と呼ばれ、オオシマザクラを母体に生まれたといわれます。オオシマザクラは花が大きく、花着《はなつ》きも良く、香りがあり、八重咲きの変種も多い。これらの特徴を活かして、観賞用のサトザクラが生み出されたのでしょう。

今でも新しい栽培品種が生まれていて、300種とも400種ともいわれています。しかし、地方や繁殖者によって違う名がつけられることもあり、異名同種や同名異種も多く、専門家でも正確な品種数は分かりません。

桜の野生種

野生種とは自然の野山に成育している桜のことで、日本産の野生種は9種類、変種や多くの自然雑種なども知られています（園芸品種はP154「さくら図鑑」をご覧ください）。

エドヒガン［江戸彼岸］
開花期:3月
本州、四国、九州に分布。寿命の長い種類で、樹齢千年以上といわれる個体など名木が多い。

ヤマザクラ［山桜］
開花期:4月
本州、四国、九州に分布。染井吉野が普及する江戸時代末まではこの桜がお花見の主役だった。

オオヤマザクラ［大山桜］
開花期:4月
北海道から九州に分布。花色から紅山桜、北海道に多いことから蝦夷山桜とも呼ばれる。

カスミザクラ［霞桜］
開花期:4月
北海道、本州、四国に分布。ヤマザクラに似るが葉や花に毛がある点で区別できる。

オオシマザクラ［大島桜］
開花期:4月
伊豆諸島や伊豆半島原産だが、各地で野生化している。多くの園芸品種の誕生に関係している。

マメザクラ［豆桜］
開花期:3月
本州（関東地方以西）に分布。富士山周辺に多いことから富士桜とも呼ばれる。

タカネザクラ［高嶺桜］
開花期:4月
本州の亜高山帯と北海道に分布。暑さに弱いため、平地では栽培が難しい。別名 峰桜。

チョウジザクラ［丁字桜］
開花期:3月
本州（広島県以東）、熊本県に分布。花の形から名づけられた低木性の桜。

ミヤマザクラ［深山桜］
開花期:5月
北海道から九州に分布。日本産の桜の中では花が特異な形態を示している。

カンヒザクラ［寒緋桜］
開花期:3月
中国・台湾原産。古くから栽培され、多くの早咲き品種の片親となっている。

シナミザクラ［支那実桜］
開花期:3月
中国原産。この桜と他種が交配した早咲き品種も多い。幹から気根が出やすい特徴がある。

ヒマラヤザクラ［ヒマラヤ桜］
開花期:10〜12月
中国、ネパールなどに分布。近年、各地に植栽されているが、温暖地以外では成育が悪い。

※資料提供:「（公財）日本花の会」

ソメイヨシノとは何か

～驚きの正体!?～

日本中で植えられている桜の約8割は、染井吉野（ソメイヨシノ）といわれています。多くの人がソメイヨシノがふつうの桜と思っており、ソメイヨシノ以外の桜についてはほとんどの人が知らないでしょう。

しかし、歴史上もっとも有名なお花見・豊臣秀吉の「醍醐の花見」の桜も、大河ドラマを始めとする時代劇の春のシーンを彩る桜も、ソメイヨシノではありません。それはソメイヨシノが、江戸時代末期、園芸業の一大拠点であった江戸の郊外・染井村（現在の東京都豊島区駒込あたり）の植木屋で大々的に売り出され、明治以降に全国に広まった、歴史的には新しい園芸品種だからです。ですから江戸時代以前の文学・絵画などや時代劇には〝染井吉野〟は絶対に登場していないのです。

ソメイヨシノは、エドヒガン（江戸彼岸）とオオシマザクラ（大島桜）の交配種です。葉が出る前にピンクの花が咲き揃うのはエドヒガンの、大輪で花着きが良いのはオオシマザクラの特徴です。染井村の植木屋は、この桜を江戸にいながら奈良吉野の桜がみられると称して「吉野桜」と名付けて売り出し、人気を博したといいます。本当の吉野の桜は、花が新葉と共に咲く「ヤマザクラ（山桜）」で、全く系統も異なる桜に、古来名高い「吉野」ブランドをつけた訳です。当時、交通手段は徒歩しかなく、写真もない時代ですから、江戸の人々は、日本一の桜名所・吉野の名は知っていても実際に目にした人は少なく、見慣れたエドヒガンより見栄えがする上、「吉野」というネーミングも相まって、大当たりしたのです。江戸時代も現代も、ブランドやネーミングが大きな効果を発揮するのですね。

桜といえば、一斉に咲いて、花の命は短く一週間余りで一斉に散る、そして淡いピンク一色に染まると皆さん思っていますよね。しかし、それはソメイヨシノだからこその特性です。私たちが見ているソメイヨシノは、すべて同じ遺伝子を持つクローンで、元の一本の親木から採った枝を挿し木や接ぎ木で増やしているのです。ヤマザクラやエドヒガンなどの自生種は、自然の交配による実生で増殖するので、同じ父母から生まれる兄弟でも違いが生じるのと同じように、個体差が生じます。吉野山のように、ヤマザクラの名所ではその個体差が、花の色や葉の色に変化・多様化をもたらし、グラデーションの様に微妙な色の違いが独特の景観をもたらします。

また、咲く時期も一週間から10日くらいずれが生じることも当たり前で、一本一本の花期が長くなるわけではありませんが、結果、集団としては長く咲き続けるように見えるのです。吉野山の場合、高低差による気温の差も重なり、ヤマザクラばかりですが一ヶ月以上に渡り、桜を楽しむことができます。

明治の初め、幕末の戦乱で荒れた上野の山

や、幕府軍との戦いで戦死した官軍兵士を祀《まつ》るため新たに建立された東京招魂社(後に靖国神社と改称。実は、靖国神社も染井吉野と同様、歴史的には新しいのです)など、近代化する東京とその近郊に数多く植えられました。染井吉野がはやり始めたころの江戸の終わりには、種々のヤマザクラやエドヒガン、様々なサトザクラが植えられていましたが、そこに突如として現れたソメイヨシノの一斉に咲いて、しかもどの木もまったく同じ花色で、一面が淡いピンクで塗りつぶされる圧倒的なボリューム感は、時代が大きく変わる時期と重なり、人々に衝撃を与え、新鮮に映り、まさに新世代の桜、維新を象徴する桜として捉えられ、急速に普及していったと考えられます。

東京招魂社が建立された翌年の明治3年には、境内に最初のソメイヨシノが植えられた記録が残っており、成長が早い特徴ゆえ、明治20年代には早々と、新しい桜の名所であったと田山花袋が記しています。また、明治12(1879)年には福島県郡山の開成山に、明治15(1882)年には青森県の弘前城に、ソメイヨシノが植えられています。

成長がとても早く10年程で立派な樹形になる、手入れが簡単で育てやすい、接ぎ木で大量に増やせるので安価、もちろん見た目の華やかさなど多くの長所が認められ、ソメイヨシノはまずは東日本から、やがて全国各地の城跡や軍事施設などに植えられるようになりました。特に大戦後の復興期から高度成長期に整備・造成・建設された公園、道路、堤防、学校などの公共施設には、必ずと言ってよいほど植えられ、今や全国に植えられている桜の約8割がソメイヨシノで、多くの人に「桜」といえば「ソメイヨシノ」と思われるに至ったのです。寒冷地や沖縄を除く多くの地方では、ちょうど学校の入学式のころと、ソメイヨシノの満開の時期が重なるため、幼心に桜の風景が特別なものとして焼き付けられているのです。

先に触れた通り、ソメイヨシノは「吉野桜」の名で売り出されていたのですが、明治18年、上野公園の桜の調査をしていた博物局(今の国立博物館)の藤野寄命は、精養軒前の「吉野桜並木」と呼ばれていた桜が、本当の吉野山の桜「ヤマザクラ(山桜)」と違うことに気づき、染井村から仕入れていると聞き「ソメイヨシノ(染井吉野)」と名付けました。そして、明治33(1900)年になって学術誌に発表し、翌年、東京帝大の松村任三教授が学名を与え、正式に認められたのです。

ソメイヨシノの起源については、当初「伊豆大島原産説」が有力で、一時は「韓国・済州島自生種説」が有力視された時期もあり、次いで「伊豆半島や房総半島での自然交雑説」が唱えられたりしました。今では染井村の有力な植木屋・伊藤伊兵衛の四代目政武が、1730年頃に人工交配させて作り出したという説が有力視されています。また、近年の遺伝子解析による研究でも、エドヒガンを母親として、オオシマザクラを父親とした種間雑種であることが証明されています。

同じ地域で一斉に咲きそろう特性を活かしたのが、春になると新聞紙上やテレビ画面に登場する「桜前線」です。実は「桜前線」はマスコミによる造語で、気象庁の資料には「さくらの開花予想の等期日線図」となっています。日本列島におけるソメイヨシノの開花日を、同時に開花する場所は線状に分布し、南から北に向かって進行する状況を等高線のように描いたものです。

気象庁では、全国の気象官署で統一した基準により、ウメ・サクラ・アジサイの開花した日、カエデ・イチョウが紅葉・黄葉した日などの植物季節観測や、ウグイス・アブラゼミの鳴き声を初めて聞いた日、モンシロチョウ・ツバメ・ホタルを初めて見た日などの動物季節観測を行っています(サクラ開花予想については、民間機関で盛んに行われるようになったため平成22年から発表を取り止めました）。観測された結果は、季節の遅れ進みや、気候の違いなど総合的な気象状況の推移を把握するのに用いられる他、新聞やテレビなどにより生活情報のひとつとして利用されています。もちろん、中でも桜前線が注目度ナンバーワンですよね。桜前線が北上し始めると、日本中がそわそわし始めると言っても過言ではないでしょう。

近年では、ソメイヨシノ一辺倒になり過ぎたことで特定の病気（特にてんぐ巣病）の流行が大きな問題になっています。また、生物の多様性の重要性が見直されようになったことも加わり、ソメイヨシノ以外の桜が植えられることが多くなっています。

見る桜にも実はなるの？

先に書いたとおり、サクランボの採れる木も同じサクラの仲間です。ところが、私たちが見ているサクラの木に実がなっているのを見た人は少ないはずです。事実、ソメイヨシノに実がなることは稀です。なぜでしょうか。それは、バラ科は自家受粉をしない自家不和合性、つまり同一または類似の遺伝子型を持つ個体の柱頭に花粉が到達しても、種子が形成されない遺伝特性があるからです。

先にも述べたとおりソメイヨシノはすべて同一の遺伝子を持つクローンなので、ソメイヨシノばかり植えられているところでは実をつけないのです。もし、ソメイヨシノに交じってオオシマザクラなどの違う種類のサクラが植えてあれば実がなります。ただし、その実から生える子供は、もう片親の遺伝子も受け継ぐので雑種となり、ソメイヨシノではなくなります。

バラ科で果樹を育てる場合、例えば、サクランボなら佐藤錦ばかり植えるのではなく、他の品種の木を植えます。そのほか、リンゴや梨、桃、梅など、バラ科の果樹栽培は同様に行われます。ちなみに、オオシマザクラなどの実生の自生種はまったく同じ遺伝子は持たないので実つきが良く、6月ごろ注意してみると小振りな黒い実を見つけることができます。もちろん食べられますよ。ただし、苦くてあまりおいしくありませんが…。

オオシマザクラの実

サクラ前線

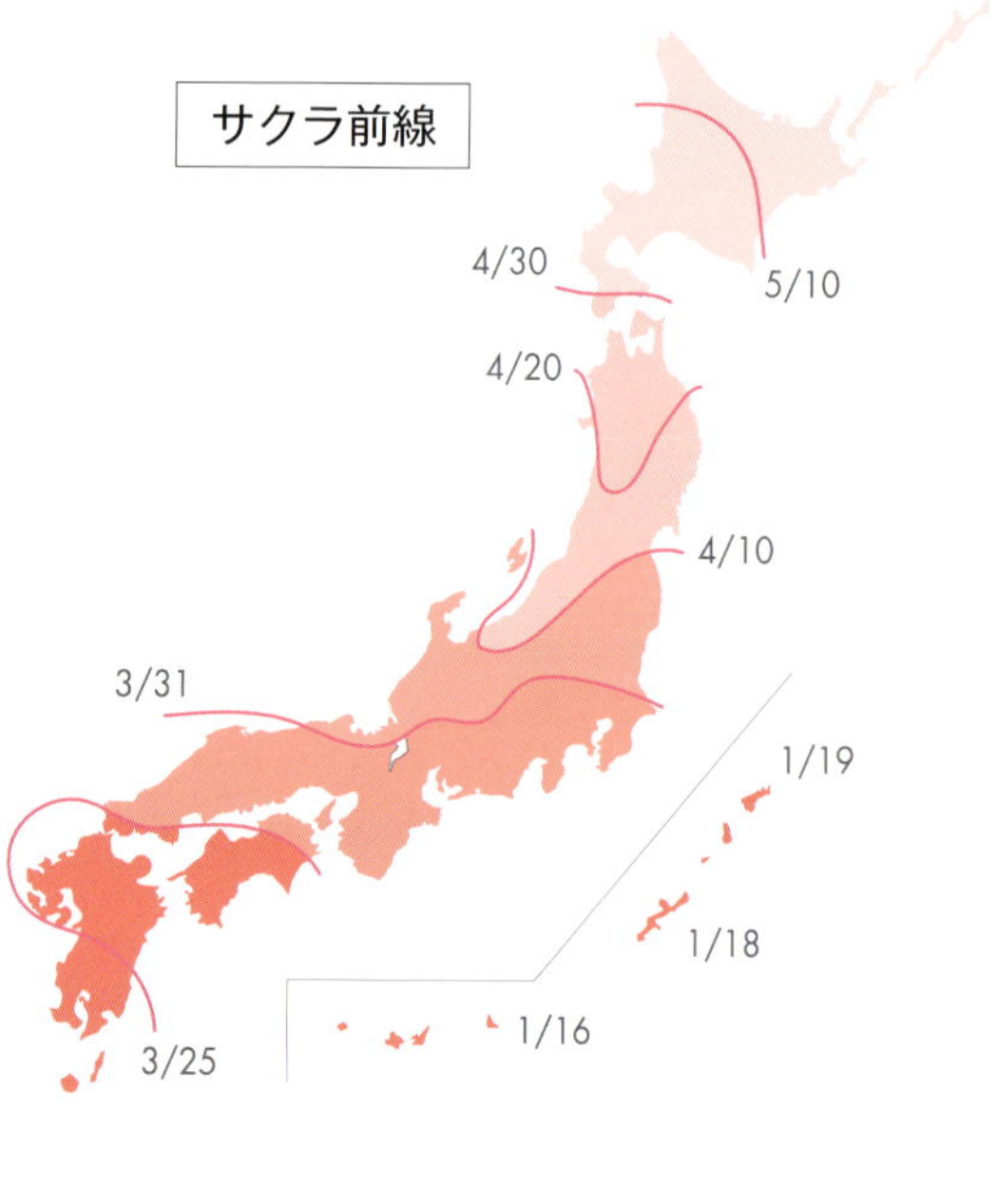

桜の花に香りはあるか

桜の花には香り(匂い)がないと思っている人が多いのではないでしょうか。そうでなければ、桜の香りイコール桜餅の香り、即ち、桜葉漬の香りを連想する人が多いのではないかと思います。ですが、すべての桜の花には香りがあります。ただし、もっとも多く植えられているソメイヨシノの花の香りはとても弱く、花に顔を近づけても感じられるかどうかという程度なのも事実です。

ごく繊細な香りの桜の中で、オオシマザクラやヤマザクラは芳香があり、その系統の桜には芳香がある品種が多くあります。それらの交配で生まれた特に香り高いサトザクラの仲間は「匂い桜」と呼ばれています。匂い桜はソメイヨシノの出現まで大切に扱われ、「御所匂」「八重匂」「千里香」などの銘がつけられて、中でも「駿河台匂(スルガダイニオイ)」は代表的な品種です。江戸時代、江戸城下駿河台の庭園に咲いていたので名付けられ、純白の一重咲きの可憐な花で、気品と清涼感がある女性的な香りは、ヒヤシンスにも似ているといわれています。明治以降の近代化の中で一度は姿を消したこのスルガダイニオイは住民の努力で、現在の東京都千代田区駿河台に桜並木として復活したそうです。

桜の花の芳香成分を分析すると、β—フェニルエチルアルコール、ベンズアルデヒド、アニスアルデヒド、クマリンなどが検出されます。β—フェニルエチルアルコールはバラの主成分で甘くて深い優雅な香り、ベンズアルデヒドはアーモンドやバニラなどに含まれる杏仁豆腐のような甘い香り、アニスアルデヒドはスパイスのアニスやフェンネルなどに含まれるベニスアルデヒドよりマイルドな甘い香り、そして、クマリンはお馴染みの桜餅の香りです。品種によって含有割合に違いがありますが、これらが微妙に混ざり合った甘い香り、それが桜花の香りなのです。

文字だけでは具体的にはわかりませんが、いつでもすぐに体験できます。市販の桜花漬(お茶屋さんでは桜茶という名で年中売っています)にお湯を注いでください。湯気とともに立ち昇る上品な甘い香り、これこそが桜花の香りです。

桜花漬の原料である八重桜の関山(カンザン)はオオシマザクラ系の里桜で、咲いたばかりの花に近づいてみると桜湯と同じ様な香りがします。ぜひ、今度の春は、開花したばかりのサクラの花に鼻を近づけて香りを確認してみてください。残念ながら、半日もたつと香りが揮発して弱くなってしまうので、朝方がお勧めです。なお、ソメイヨシノも、まとまった量をビニール袋に詰め、封をしてしばらく置いてから香りを嗅ぐと、香りが良く分かるそうです。

桜はバラ科の花だからか、桜の香りの効能もバラのアロマオイルに近いようです。抑うつ・悲しみ・不安といった感情をほぐし、心を明るく高揚させ、幸せな気持ちにさせてくれると言われます。花見で楽しい気分になるとか、桜湯を飲むとホッとする、と言われるのはこうした訳なのでしょう。

桜は一年中、日本のどこかで咲いている!?

　桜前線は1月の沖縄からスタートします。冬の最低気温が2ヶ月以上5℃を下回らないとソメイヨシノは咲きませんから、奄美・沖縄ではカンヒザクラ(寒緋桜)が代わって標本木となっています。さらに、本土と違う点は寒いところから咲き始めることです。ですから、沖縄で最初に花が咲くのは沖縄本島北部、本部半島の八重岳(標高453m)山頂です。1月中旬のカンヒザクラの開花に合わせて日本で一番早い桜祭りが開催されます。山頂から山裾まで、鮮やかな濃紅色に彩る約7千本のカンヒザクラを楽しむことができます。追っかけるように、麓の日本さくら百名所の名護城公園や世界遺産の今帰仁城跡でも開花します。そして2月に入ると桜前線は南下し、沖縄本島南部の那覇周辺でも桜の見頃を迎えるのです。

　同じころ、本土でも温暖な土地ではカンヒザクラやカンザクラ(寒桜)が咲き始めます。少し遅れてオオカンザクラ(大寒桜)やカワヅザクラ(河津桜)も咲き始めます。カンザクラはカンヒザクラとヤマザクラの種間雑種、オオカンザクラとカワヅザクラはカンヒザクラとオオシマザクラの種間雑種の栽培種で、どれもソメイヨシノに比べ早咲きで花期が長く、花色も濃いのが特徴です。

　カワヅザクラは、原木が1950年ごろに発見され、昭和49(1974)年に新しい品種として命名されました。翌年には伊豆・河津町の花に指定して普及を図り、原木から増殖した約8千本が町内に植えられ、早春で桜が無い時期のお花見名所として、一躍全国に知られるようなりました。

　カワヅザクラはソメイヨシノのようにパッと咲いてパッと散るのではなく、2月上旬の開花からほぼひと月かけて満開になるのです。2月という観光のオフシーズンに、伊豆では無名だった温泉町に150万人を超える観光客を呼び込んでいます。

　カンヒザクラ系に続いて咲き始めるのはマメザクラ系やヒガンザクラ系の桜です。ヒガンザクラの代表格であるエドヒガン(江戸彼岸)は江戸がお彼岸を迎える頃に満開になるので、この名がつけられました。一重の枝垂桜はエドヒガンの変種です。また、エドヒガンは寿命が長く、樹齢数百年を超える古木巨木のほとんどがエドヒガンです。

　東京の彼岸桜が散り始めるころ、桜前線が本州に上陸します。いよいよソメイヨシノの開花です。ほぼ同じころに、野生の桜であるヤマザクラやオオシマザクラも開花します。ソメイヨシノの桜並木や花見名所に見た目の違う桜が咲いていることがありますが、たいていはこの二種類です。どちらも花と葉が同時に開くのが特徴ですが、白から薄紅色の花と赤から褐色の葉ならばヤマザクラ、純白の花と緑の葉ならオオシマザクラです。苗木の時は見分けがつかないため、まれに混じって植えられたのですね。この様な場所では、ソメイヨシノにも実がなります。

　同じころ、人里を離れた雑木林や里山ではコナラやクヌギといった落葉広葉樹に混じってヤマザクラが咲いています。時々、針葉樹林の中にぽっこり1本だけ見かけた時などは、なんだか嬉しくなります。時期や場所によっては、カスミザクラ(霞桜)やマメザクラ(豆桜)の場合もあります。

ソメイヨシノが盛りを過ぎると、サトザクラ(里桜)と呼ばれる八重桜を中心とした花色も姿形も多種多様な栽培品種が天下を迎えます。花色も白色とピンク系濃淡ばかりでなく、黄桜と呼ばれるウコン(鬱金)やギョイコウ(御衣黄)のように黄緑色や緑色の花さえあります。また、花弁の数は八重どころか菊咲きと呼ばれるものは３００枚に達します。多種多様の栽培種の桜が多く植樹された桜名所、例えば東京の新宿御苑、八王子の多摩森林科学園、金沢の兼六園、京都なら平野神社や御室の仁和寺、府立植物園では、早いところでは2月から最後はゴールデンウィーク頃まで、3ヶ月近くも花を楽しむことができます。

一方、桜前線は北上していきます。ゴールデンウィーク頃に津軽海峡を渡ります。そして、札幌を過ぎるとソメイヨシノが育たなくなるため、標本木は寒冷地に育つオオヤマザクラ(大山桜)にバトンタッチします。

そして、桜前線の最後は最北端の稚内ではなく、最東端の根室です。しかも、標本木がチシマザクラ(千島桜)に代わります。道東の釧路・根室では平年の満開時期は5月下旬で、時に6月にずれ込むことさえあります。こうして、1月の沖縄でスタートした桜前線は、5ヶ月余りもかかって日本列島を駆け抜けるのです。

しかし、これで終わった訳ではありません。中部地方から東北地方の山間部に目を移すと、低所では散り果てていたヤマザクラが、標高差がそのまま時間差となって、山を登っていきます。ヤマザクラが終わるとカスミザクラが落葉樹の新緑の中で、緑の新葉と共に白い花を美しく咲かせます。中部関東地方でも標高８００ｍあたりを超えると、オオヤマザクラも同じころに見ることができるのです。

さらに、標高１５００〜２８００ｍの高山帯になると、タカネザクラ(高嶺桜)がマメザクラに似た白色から薄紅色のかわいらしい花を咲かせます。東北地方では標高が下がり、北海道では低所でも見られ、サハリンや南千島のロシア極東部の亜寒帯にまで分布しています。根室の標本木であるチシマザクラはタカネザクラの変異種のひとつです。また、花期は5月上旬から7月中旬までと、緯度標高によって大きな幅があり、南アルプスや蔵王、八幡平などでは、遅い年では8月まで咲いていることさえあるといいます。

さすがにこれで桜の開花もひと休み、と思いきや、秋に咲く桜も意外にあります。日本の桜のルーツとの説があるヒマラヤ桜がそうですが、十月桜、四季桜、冬桜など、10月から12月に満開になる桜は、日本でも古くからありました。ところが、これらの桜が極端に早く咲くことがあり、8月下旬に鎌倉報国寺で十月桜が咲き、9月に福岡県太宰府で四季桜が満開になったこともあるそうです(印南和磨『桜は一年じゅう日本のどこかで咲いている』河出書房新社２００４年)。

これらの桜は、寺社や公園など各所に案外植樹されているのですが、まさかこんな時期に桜が咲いていると思いもせず、どれもソメイヨシノに比べ花が白く小振りなこともあり、ほとんどの人は気がつかないでしょう。

そんな中、愛知県豊田市小原の四季桜は、もみじの紅葉、銀杏の黄葉、たわわに実った柿を背景に5千本を超える桜が咲き誇る晩秋の桜名所です。少し遅れて、群馬県藤岡市鬼石地区(旧鬼石町)の冬桜は、葉を落とした山に霞のごとく一斉に咲くのです。

このように日本の桜は一年中どこかで咲いており、こんなにもバラエティー豊かなのです。染井吉野の咲くたった一週間で、花見が終わりなんて、なんとモッタイナイことでしょう。

桜と日本人

日本をを代表する花といえば桜ですが、お花見はいつ始まりどう変わっていったのか、そもそもなぜ「さくら」と呼ぶようになったのかなど、日本人と桜について、歴史を紐解きながら見ていきましょう。

桜の語源

数多くの説が唱えられていますが、ここでは代表的な説を三つ紹介しましょう。

第一の説は、さくらの「さ」は「サ神様」(主に田の神様)の意味で、「くら」は神様の居場所「御座《みくら》」を意味し、田の神が桜の花びらに宿り、田に下りて稲作を守護するというのです。稲作りの始まりと桜の咲く時期が同じころなので、満開に咲く花の下で豊作を願ったのだといわれています。

第二の説は、「咲く」に、「達」という意味の接尾語「ら」が加わったというものです。群れて咲く桜は古来より、咲く花の代表であったことをあらわしているといわれています。

第三の説は、古事記や日本書紀に登場する神話の美しい娘「木花開耶姫《このはなさくやびめ》」の「さくや」が「桜」に転化したものだという説です。この美しい姫に一目ぼれをした、天照大神の孫・瓊々杵命《ににぎのみこと》との一夜の契りで身ごもったのが海幸彦や山幸彦で、この山幸彦(彦火々出見尊)の孫が初代天皇・神武天皇(神倭伊波礼琵古命)となります。

また、「木花開耶姫」は霞に乗って富士山の上空へ飛び、そこから花の種を蒔いたといわれています。そして、富士山そのものをご神体とした富士山本宮浅間大社(静岡県富士宮市)は、全国で千社以上に及ぶ浅間神社の総本社で、木花開耶姫を祭神としています。

代表的な説は以上の三つですが、他にも樹皮が横に咲けるから裂《サク》るが転じた、咲き簇がる(サキムラガル)の要約など、全部で13の説があります(『日本国語大辞典』小学館)。民俗学者を中心に第二の説が研究者の中では優勢

富士山本宮浅間大社(静岡県富士宮市)

となっていますが、定説はありません。個人的には、日本の象徴である桜と富士山との関係や、美しいお姫様の登場など、第三の説が夢とロマンがあって、何といってもイチ押しですね。

さくらの漢字は本来「櫻」です。この字は漢字が生まれた中国では「ユスラウメ」を意味していました。同じバラ科サクラ属の落葉低木で、サクラによく似た五弁の白色から薄紅色の花をつけます。また、サクランボに似た赤くて丸い小振りな実をつけます。ユスラウメが中国から本格的に入ってきたのは江戸時代になってからですので、漢字が入ってきた古代に既に日本列島に定着していた「サクラ」に「櫻」の文字が充てられたのは必然だったのですね。また、「嬰」は、赤い貝の首飾りを付けた女性を見立てた姿からできた文字であり、ユスラウメが赤い実をつけた様子が似ていることから、「木偏」をつけてユスラウメを指すようになったといいます。

ユスラウメの実

古代の桜と花見

日本人と桜の関わりは、稲作が日本列島に伝わった弥生時代からと考えられています。それは、サクラが満開になるころが、稲作を始める時期と一致することから、丁度よい暦がわりになっていたのでしょう。やがて、桜の咲き具合に神意が示されると考え、稲作の豊凶を占うことになったようです。万物に神が宿るという日本人の根底に流れるアニミズムを背景に、農耕儀礼が「桜の花が稲の実りを占い祈る」宗教儀礼になっていくのは当然のことといえます。

今も各地で行われる春のお祭りの多くは、桜のお祭りですし、桜は樹齢何百年どころか、樹齢2千年と伝えられる古木もあり、古代から人の手によって大切に守られてきたのです。民間信仰や儀礼における桜の花と米の結び付きについては、民俗学の泰斗・折口信夫以来、多くの学者の研究があります。

さて、古《いにしえ》の人々が大切にしていた桜は、どんな桜だったのでしょうか。もうお分かりのように、ソメイヨシノではありませんね。自生の分布から考え、静岡県・富山県あたりから西はヤマザクラ、関東・東北地方および中部地方でも岐阜県・長野県・山梨県など内陸の標高の高い地方はエドヒガン(古くはアズマヒガンともいった)と考えられます。

また文献上においては、『記紀』には桜の語源で触れた「木花開耶姫」、他にも、『日本書紀』には「衣通郎姫《ソトオシノイラツヒメ》」の話では桜が美人の象徴として表現されています。

奈良時代になると花見の記録が残っています。『懐風藻』には、長屋王が728年に自邸に桜を移し、花の宴を開いた記録があります。また、貴族だけでなく一般民衆の間でも年中行事となっていたことが、『常陸国風土記』に記されています。これは現代の合コンのような男女の出会いの場でもあったことがわかっています。

梅から桜へ
～平安貴族の花見～

奈良時代を中心に、7世紀後半から8世紀前半までは、遣唐使を派遣し仏教文化や律令制を導入するなど、唐の文化文物を積極的に取り入れていた時代。梅が一緒に渡来し、支配階級を中心に梅がもてはやされ、和歌でも梅が桜よりも多く詠まれました。794年に平安遷都があり、紫宸殿の前庭には梅と橘が植えられました。ここでも、日本古来の桜よりも梅が珍重されていたことがわかります。

その後、仁明天皇在位中の承和年間(834～848年)、梅が枯れて、桜に植え替えられたと『古事談』に記録されています。この桜は「左近の桜」と呼ばれてますが、天皇の御前において左近衛大将の位置であることからきています。何代ものヤマザクラが植え継がれた(吉野山から移植されたとの説もあります)のですが、今も京都御所を見学すれば見ることができます。残念ながら何代目かはわかりません。

遷都から18年後の弘仁3(812)年、嵯峨天皇が神泉苑に行幸し、平安京ではじめての花の宴を催し、文人に漢詩をつくらせています。『日本後紀』に「花宴の節これに始まる」とあり、この後は毎年のように花宴が催されるようになり、さらに、天長8(831)年には処を宮中に移し、天皇主催の年中行事となりました。

その後花宴は宮中に止まらず、貴族の邸や別荘でも行われるようになりました。また、王朝の女性の間では「花合」と呼ばれる遊びが盛んに行われました。仁寿元(851)年には、のちの摂政太政大臣・藤原良房が催した花宴にて、和歌をつくらせました。奈良時代以来、宴では漢詩をつくらせるのが常でしたが、ここに和歌の復興が始まり、『古今集』勅撰に繋がったといわれます。漢風文化から国風文化へ移り変わっていき、桜は「王朝の花」となるのです。

王朝文化を代表する『源氏物語』にも、当時の華やかな花見が、文字通り「花宴の巻」として描かれています。

「源氏物語絵巻　竹河(二)絵」(徳川美術館所蔵) ©徳川美術館イメージアーカイブ/DNPartcom

武家と桜

平安末期になると戦乱が相次ぎ、武士が台頭します。そんな頃、王朝の桜を武家に引き渡す役目を果たしたのが西行でしょう。北面の武士から出家したのが25歳（満23歳）でした。以来50年、武士出身の僧侶として、歌人として、源平の興亡を最期まで見届けつつ、和歌と桜に生きたのでした。

武家政権の鎌倉時代になっても桜を愛でる文化は途絶えることはありませんでした。幕府のある鎌倉に、京の都や吉野から桜を移し、平安貴族と同様、花見に興じたといわれています。鎌倉は、オオシマザクラの自生域に近いので、この時代には持ち込まれていたと思われます。オオシマザクラを母体とするサトザクラは、鎌倉から広まったと考えられています。今に残る八重桜「普賢象（フゲンゾウ）」や「御車返し（ミクルマガエシ）」などの古くからのサトザクラは鎌倉に由来をもちます。

13世紀前半に成立した、平家一族の盛衰と滅亡を描いた『平家物語』にも桜の話が登場します。桜を愛してやまない藤原成範は、邸とその周りに吉野から移した桜を植えたため桜町中納言と呼ばれていました。花の命があまりに短いことを嘆いて、中国道教の命をつかさどる神である泰山府君に祈ったところ、21日間咲き続けたというものです。

この話を世阿弥は、武家の嗜《たしな》みとなった能に仕立て上げ、現代にも伝えられています。また、西行と桜の精とのやりとりを描いた能『西行桜』も、世阿弥の能の傑作として知られています。他にも『桜川』など、桜を主題にした能が数多くあります。

室町時代、三代将軍足利義満は邸に様々な桜をはじめとする四季折々の花を植えたため「花の御所」と呼ばれました。加えて、北山に別荘として建てた金閣にも、多くの桜を植え、池に舟を浮かべ、花見を楽しんだといわれています。また、前述の普賢象は義満に献上されたとの記録が残っています。

秀吉と花見

室町幕府の安定期は長くはなく、応仁の乱からそのまま戦国時代に突入します。天下統一を果たして戦乱の世を治めた豊臣秀吉は、さらなる野望を抱いて朝鮮に出兵しますが、秀頼の誕生を機に撤退します。その翌年、文禄３（１５９４）年に催されたのが「吉野の花見」です。継嗣誕生を祝うと共に、天下人の権威を示す大規模なものでした。そして、その４年後の慶長３（１５９８）年、空前絶後の大花見、「醍醐の花見」を催すのです。

「吉野の花見」の後、秀吉は関白を譲った甥の秀次を謀反の嫌疑で切腹させ、有力大名の連署による「御掟」を発令し、秀頼への忠誠を誓わせました。さらに徳川家康・前田利家・毛利輝元ら五大老と、石田光成・浅野長政ら豊臣政権のいわば中枢官吏・五奉行とによる合議制により、自ら亡き後の体制づくりを行ったのです。そして迎えたのが「醍醐の花見」でした。

醍醐寺は貞観16（８７４）年に開かれた真言宗の名刹ですが、応仁の乱の際、五重塔を除くほとんどの建物が焼失したため、秀吉は寄進し、再興を図っていました。そうした中、花見にあたり、最後の大仕上げとして殿舎の造営や庭園の改修をし、近畿一円から700本の桜を移植したのです。

花見の開催日は3月15日(和暦)。正室・北の政所や淀殿をはじめとする側室、嫡子の秀頼、徳川家康らの諸大名やその妻妾、近臣など約1300人が招かれました。言い伝えによると、前日までの風雨が嘘のようにやみ、当日は絶好の花見日和になったといいます。

場内には八ヶ所の茶屋(いわばパビリオン)が設けられたそうで、そこでは各地の名物が用意され、茶も点てられて、思い思いに酒宴を楽しんだのでしょう。参加した女房たちには二回の衣装替えが命じられており、そのきらびやかな衣装は秀吉の目を喜ばせました。

また、平安以来の花宴の伝統に習って歌会も開かれ、この時の秀吉、秀頼らの自筆の短冊は、今も醍醐寺に残されています。秀吉が没したのはこの醍醐の花見からわずか5ヶ月後。まさに最後の栄華を見せつけたのでした。

江戸の花見

醍醐の花見は、現代の花見の直接のルーツといわれており、京や大阪では江戸より一足先に、花見が庶民のものになっていたようです。

江戸では、寛永年間(1624〜)に建立された上野の寛永寺に、早くから吉野の山桜が移植されていました。延宝5(1677)年に出版された『江戸雀』に、花の下にむしろを敷いて、酒を飲みながら和歌や連歌・俳諧を楽しむ者がいたと、上野の花見の様子が記されています。数年後の天和3(1683)年に出された『紫の一本《ひともと》』には、300にもならんとする団体が、桜の木に幕を張り、もうせんやむしろ敷きで飲食し、小唄や浄瑠璃を楽しんでいたとあります。さらに、元禄の頃には、上野に加え浅草も桜名所となり、どんちゃん騒ぎの花見になったことが、元禄7(1694)年刊行の松尾芭蕉の『炭俵』などでわかっています。年々、盛大になり、行楽性・大衆性を帯びていくのが目に見えるようですね。

享保になると八代将軍吉宗が、五代綱吉が

「醍醐花見図屏風」(国立歴史民俗博物館蔵)

廃止していた鷹狩りを復活させます。同時に、鷹狩りの道中で、江戸の市街と郊外の農村部を分ける三ヶ所（飛鳥山、向島、御殿山）に、吉野の桜を移植して、花見の公園としての整備を命じています。その後、隅田川堤・新吉原・小金井など、江戸の町の経済的な発展と共に、花見の名所が増えていきました。まさに「花見」は、「花のお江戸」の活力の象徴でもあったといえるでしょう。

国際日本文化研究センターの白幡洋三郎名誉教授は、その著書『花見と桜』で、日本の花見は「群桜・飲食・群衆」の三つを成立条件とする、世界に類のない民衆文化であり、貴賤上下を超えた共同の幸福の場であると述べています。江戸中期には白幡氏の定義する花見が完全に確立し、現在に至っているのがよくわかります。

また、江戸時代に生まれた大衆芸能である歌舞伎と落語には、桜が頻繁に登場します。

歌舞伎では、桜が華やかなるものの象徴として用いられており、代表作として、『義経千本桜』は満開の桜の吉野山が背景となり、安珍・清姫の『道成寺』は、清姫が白拍子に、そして大蛇への変化は華麗な桜の下で行われます。また、お馴染み『白波五人男』の名場面「稲瀬川勢揃いの場」も、満開の桜の下で演じられます。

一方、落語においては『長屋の花見』『花見の仇討』『花見酒』などに登場する花見には、「群桜・飲食・群衆」の三要素が活き活きと描かれていますね。今を生きる私たちにも違和感なく笑えるものばかりで、こうして今とほとんど変わらない花見が、江戸ばかりでなく、各地の桜の名所にも定着していきました。

大阪夏の陣以降、幕末までの約２５０年の戦乱のない平和な時代が、様々な文化を大きく発展させました。識字率が大幅に上がり、文芸・工芸・食文化なども盛んになる中で、特に顕著な発展を遂げたのが園芸です。江戸時代の日本は世界に冠たる園芸大国だったのです。シャクヤク・キク・ボタン・ツバキ・アサガオなどには、多くの品種が生まれました。サクラも同じように、江戸時代にたくさんの品種が生まれています。

江戸の園芸業者の集積地であった染井村で売り出され、後に流行するソメイヨシノは、栽培品種の代表選手ですね。サトザクラと呼ばれる八重桜を中心とした栽培種の多くも江戸時代に生まれており、その数は２００種を超えると言われています。当時は、花見と共に色々な桜を楽しむことも流行しました。

ソメイヨシノと近代日本

近代日本にとっての桜は、イコール、ソメイヨシノといえます。いわゆる明治維新が革命的な変化であったように、ソメイヨシノの登場は日本の桜の革命でした。それまでの鑑賞の主流であったヤマザクラは葉と花が同時に開き、また、野生種のため変異が多く、花色も葉色も開花時期にも多様性がありました。吉野に花見に行かれた方はお分かりですが、遠目にはグラデーションのように見えます。

それに対してソメイヨシノは大輪の花だけが先に開き、加えて同じ遺伝子を持つクローンゆえ、花色はまったく同じで、遠目には薄紅色一色に塗りつぶしたように見えます。一斉に咲いて、一斉に散る、という今までの桜に無い特徴をもっていたことが、新時代の桜として容易に受け入れられたのでしょう。さらに、成長が早く、丈夫で手入れが楽である上に、接ぎ木で量産できるため安価であることが、爆発的な普及に拍車をかけました。

廃城となり荒れた城址や軍隊の施設をはじめとする新政府によって造られた新たな施設など、全国各地様々な場所にソメイヨシノは植えられていきました。

一方で江戸時代、園芸の流行で数多く生まれた八重桜咲きのサトザクラは、武家屋敷を中心に社寺境内や裕福な町人の邸に植えられていましたが、ソメイヨシノの流行も重なって、見向きもされなくなり、多くが失われてしまいました。ソメイヨシノの普及の影で、かなりの品種の桜が途絶えてしまい、各地にあった古くからの桜の名所の多くは荒れはてたり、はやりのソメイヨシノにとって代わられたりしました。

国の体制が大きく変わり、富国強兵を目指す国の歩みと中央集権の大日本帝国が整えられていくのに歩みを合わせるがごとく、日本の桜はソメイヨシノ一色となっていきました。それと共に、桜のイメージも大きく変わっていきます。

近代日本の歴史は、戦争の歴史ともいわれます。幕末の戊辰戦争、台湾出兵、西南戦争、日清戦争、日露戦争、シベリア出兵、第一次世界大戦、満州事変、日中戦争、アジア・太平洋戦争と、ほとんど十年ごとに戦争をしています。戦争ごとに規模が大きくなり、飛躍的に戦死者も増え、最後に、最悪の結末をもたらしました。

ねじ曲げられた桜

明治時代以降、武士の時代が終わりを告げ、天皇を頂点とした中央集権国家が誕生します。新政府が欧米列強国へ対抗するための政策のひとつとして「富国強兵」を掲げます。日本のナショナリズムが高揚していく中、桜は日清戦争や日露戦争の勝利、皇太子の誕生の記念など、重要な祝事ごとに各地に植樹されていきました。その後、軍国主義化が加速していく段階で、桜のイメージや美しさは、為政者によって仕組まれた情報操作により、兵士たちの愛国心を帝国主義的ナショナリズムにすり換え、戦争(戦死)を美化するためのシンボルとして、都合よくねじ曲げられていきます。

こうした桜の不当なシンボル操作を人類学的観点から論証した『ねじ曲げられた桜―美意識と軍国主義』(大貫恵美子著　岩波書店刊)によると、「対外戦争での危機が迫ってきた時、軍は、咲いた桜の花を兵士と同一視する一方で、散る桜を隠喩として使い、戦死を美化する方法を考え出した。例えば、兵士は桜の花のように散る、という意味で『散華《さんげ》』という語を使い出した。この言葉は、しばしばマスメディアを通じて行われた大本営発表に広く使われたのみならず、兵士も自分たちの死を散華(※)と言い始めた」と述べています。

※散華は本来、仏を賞賛する仏教用語。

さらに同書では太平洋戦争末期に遂行された刹那的な特攻作戦においても、特攻部隊名に「山桜隊」「初桜隊」「葉桜隊」「吉野隊」のように、すべて桜に因んだ名前が採用され、桜が隠喩的に使われていたと指摘。また「同期の桜」に代表される軍歌や軍人の徽章をはじめ、子供たちの唱歌や教科書など、桜のイメージ情報操作によって、軍国主義政策がいかに国民に抵抗少なく受け入れられていったかという過程について実証しながら述べられています。

一方、国外においても、かつて大日本帝国がアジア・太平洋地域の国々の植民地に植えた桜は、日本の侵略と支配の象徴となり、支配をうけた歴史を持つ国々の人々にとって桜は戦争の暗い記憶を想起させる遺産として人々の心に記憶されるようになります。

いずれにしても、桜そのものには何の罪もありません。しかし、こうした戦争と桜の深い関わりが、日本人の心にも、アジアの人々の心にも桜に対して負のイメージを刻み込んだのでした。

戦後の桜、平成の桜

昭和20（１９４５）年の敗戦後もしばらくは、桜にとって受難の時代でした。食糧難・物資難の中で、桜の木は燃料として使われるために伐採されました。たとえば国の名勝にも指定されていた荒川堤の「五色桜」も昭和22（１９４７）年に全滅しています。お花見どころではなかったのです。

戦後復興は、朝鮮戦争の特需の後押しもあり、やがて、高度経済成長につながっていきます。その中でまたもやソメイヨシノが見直されることになりました。成長が早く、苗木から十年で立派な樹形になるからです。しかも、安価で丈夫で、ほとんど手入れがいりません。そして何といっても、春は一斉に花が咲き、素晴らしい景観をつくります。ですから、公園や堤防の造成記念に、新たな道路を整備したら街路樹として、学校改修や新設の記念にと、どこかしこにもソメイヨシノが植えられたのです。こうして、日本中が一途に高度経済成長を目指し、一億総中流といわれるように均質化していくのと同じく、桜といえばソメイヨシノばかりになってしまいました。

各地に桜名所が誕生し、桜まつりが開催され、花見も復活しました。しかし、戦前戦中の苦難を経験した世代には、桜に対する複雑な思いを整理できないまま、心の底から花見を楽しめない人々も少なからずいたといわれています。

昭和から平成に移り、桜の楽しみ方が大きく変わっていきます。身近な桜名所で花見をする定番のスタイルから、今まで注目されなかった地方の桜名所や一本桜・名桜を訪れる観光客が増えていきました。同時に、これらの桜の写真を撮るアマチュアカメラマンも増えました。こうした背景には、桜の写真集や桜のウンチク本などが数多く出版されるようになったり、様々な雑誌で桜特集や花見特集が組まれるようになったことが理由にあると思います。早春の大型書店では桜関係のコーナーもできるほどです。また、テレビや新聞などのマスコミも、こぞって桜前線の報道をし、特集番組や特集記事を打ち、こうした情報合戦は春の風物詩として完全に定着したように感じます。それが高じて、桜名所を巡るバスツアーも盛況です。

そして、何といってもインターネット、スマートフォン、デジカメなど、ＩＴの普及が桜を楽しむことを後押ししています。各地の桜名所の事務局ではホームページを作成し、中にはライブカメラでいつでも桜の開花状況が確認できるようにしているところもあります。今や、「桜」がもたらす経済効果は見逃せないものとなりました。

平成になり、桜は見て楽しむものだけではなくなりました。それは、歌うものにもなったのです。いまや、カラオケボックスで「桜、さくら、サクラ、ＳＡＫＵＲＡ」のタイトルで楽曲を探してみると驚くほどたくさんの曲目が出てきます。１９９０年代ではまだ少ないのですが、２０００年代からは、桜ソングの大ヒット曲が毎年のように生まれています。そうした桜ソングは、春になるとそこかしこで流れ、また歌われる春の定番になりました。

もうひとつ、「見る桜」以外に定番化したものがあります。それは「桜のスイーツ」です。早春のデパ地下に出かけると、ほとんどのお菓子屋さんが「桜のスイーツ」を手掛けています。各々のお店がオリジナルの桜スイーツを並べる華やかさは、さながら満開のお花見名所のようです。これは私の経営する会社が仕掛けたもので、２００５年くらいから増えはじめ、２０１０年頃にはすっかり春の風物として定着しました。そして、今や全国に広まりつつあることは、「日本全国　桜のスイーツめぐり」でご紹介した通りです。

〝桜と日本人〟は、米作りを始めてから２０００年以上の深い関わりを持ってきました。桜は日本人にとって、単なる美しい花を咲かせる樹木ではなく「文化」です。そして、それはこれからも永遠に続いていくことでしょう。ただし、その関わりが決して不幸なものになってはいけませんし、これからもさらに、桜の楽しみ方を豊富にしていきたいものです。

詠まれた桜　書かれた桜

桜は、見た人の心を捉え、様々な感情を思い起こさせる樹木でもあります。そうした情緒とともに、和歌や俳句に詠まれた桜、小説に書かれた桜をご紹介します。

万葉集から王朝の文学へ

『万葉集』は、隋唐文化の影響が色濃く、梅の歌が多い（１１８首）のですが、桜の花を詠み込んだ歌は47首あります。桜が華やかさや繁栄の象徴として詠み込まれたり、春の到来を喜び花の散るのを惜しむ歌もありますが、実は桜の花は女性の美しさと女性への想いを託している愛の歌が一番多いのです。

桜花いまさかりなり難波の海
おしてる宮にきこしめすなへ
（大伴家持・万葉集）

あおによし奈良の都は咲く花の
におふが如く今盛なり
（小野老・万葉集）

うちなびく春来るらし山の際《ま》の
遠き木末《こぬれ》の咲きゆく見れば
（尾張連・万葉集）

春さらば頭にせむと我が思ひし
桜の花は散りにけるかも
（詠人しらず・万葉集）

『古今集』から『新古今集』までの約３００年間が和歌の全盛期であり、貴族文化の全盛時代でもありました。『古今集』では春の歌の半数以上に桜が詠まれ、『新古今集』では桜の和歌が１００首を超え、梅の和歌は20首足らずとなります。

久方の光のどけき春の日に
静心なく花の散るらむ
（紀友則・古今集）

みわたせば柳桜をこきまぜて
都ぞ春の錦なりける
（素性法師・古今集）

空蝉の世にも似たるか花桜
咲くとみしまにかつ散りにけり
（詠人しらず・古今集）

桜花ちらばちらなむちらずとて
ふるさと人のきても見なくに
（惟喬親王・古今集）

いにしえの奈良の都の八重桜
　けふここのへに匂ひぬるかな
（伊勢大輔・詞花集）

さざ波や志賀の都はあれにしを
　昔ながらの山桜かな
（平忠度・千載集）

『伊勢物語』でも花見の宴が描かれています。主人公の在原業平が、惟喬親王のお供で鷹狩りに出掛けたが、早々に切り上げて、桜の下で酒宴となり、あの有名な和歌《やまと》を詠むのです。

世の中にたえて櫻のなかりせば
　春の心はのどけからまし

この業平への返歌も有名です。

散ればこそいとど桜はめでたけれ
　うき世になにか久しかるべき

王朝文学を代表するのが『源氏物語』です。主人公・光源氏の華やかな生涯を通し、当時の風俗・行事も描いています。藤や桐など様々な花が登場しますが、「桜」と桜を意味する「花」の記述が抜群に多いのです。「桜」は若さや愛を象徴するものとして描かれていますが、「もののあわれ」、はかなさや無常観に結びつく表現も現れてきます。

西行と桜

平安末期になると戦乱が相次ぎ、武士が台頭します。そんな頃、武士の家系に生を受けたのが西行です。俗名は佐藤義清《のりきよ》、長じて北面の武士となるものの、妻子を残し23歳で出家します。出家の理由には諸説ありますが、世を捨てるものの、時代を見つめ続け、和歌を詠み、和歌で時代とつながり続け、平家の繁栄から滅亡、源頼朝の政権の成立を見届けて、建久元（１１９０）年、望み通りに如月の望月の日（旧暦2月16日）になくなるのです。

ねかはくは花の下にて春しなむ
　そのきさらきのもちつきのころ

西行が植えたといわれる
京都・勝持寺の西行桜

生涯で2090首といわれる和歌を遺し、うち290首に桜を詠んでいます。勅撰集である『千載集』に18首、『新古今集』では他に追随を許さぬ94首が選ばれています。和歌と桜に生き、桜の吉野山を愛し、桜美を讃え、劇的な生涯を送った西行を、古今、深く慕う人は後を絶ちません。

吉野山こずえの花を見し日より
　心は身にも添はずなりにき

今よりは花みん人に伝へおかん
　世を逃れつつ山に住まへと

年を経て待つも惜しむも山桜
　こころを春は尽くすなりけり

散る花を惜しむ心やとどまりて
　また来む春のたねになるべき

仏には桜の花をたてまつれ
　わが後の世を人とぶらはば

西行の和歌には、率直に桜を讃えるものから、死を意味する「散る桜」の表現、そしてさらに再生まで、桜を生命の賛歌に昇華していきました。王朝の桜を武家に引き渡す役目を果たしたのが西行といえるでしょう。

中世近世の和歌

西行の後には、もうみるべき和歌はないとまで言う人がいるほどですが、その後の秀歌もご紹介しましょう。

ここにても雲井の桜咲きにけり
　ただかりそめの宿と思ふに
（後醍醐天皇・新葉集）

敷島の大和心を人とはば
　朝日に匂ふ山桜花
（本居宣長）

この和歌は後の時代に曲解されましたが、武士道とか大和魂を詠ったものではありません。ましてや「桜が散るように潔く死ぬ」といった意味はまったくありません。宣長は、純粋に山桜の花が好きで、素晴らしさを心から讃えたのです。

うらうらとのどけき春の心より
　にほひいでたるやまざくらばな
（賀茂真淵）

形見とて何か残さむ春は花
　山ほととぎす秋はもみぢ葉
（良寛）

俳句の桜

松尾芭蕉以来、桜を読み込んだ名句は、数限りなくあります。もちろん、「桜」を表す季語も数多くあります。それぞれ、いくつかをご紹介しましょう。

桜の名句

さまざまなこと思い出す桜かな（芭蕉）
うかれける人や初瀬の山桜（芭蕉）
悔いなきや今日を限りの花と酒（柳女）
散る桜残る桜も散る桜（良寛）
千万言一時に開く桜かな（正岡子規）
桜咲く前より紅気立ちこめて（山口誓子）

桜を表す季語の名句

花の雲鐘は上野か浅草か（芭蕉）
栞して山家集あり西行忌（高浜虚子）
花の雨竹にけぶれば真青なり（水原秋桜子）
ゆで玉子むけばかがやく花曇（中村汀女）
花疲れ帯ながながとときしまま（足立文女）

近現代の桜文学

江戸から明治へ、価値観が大きく変わり、桜もヤマザクラや多様なサトザクラから新しいソメイヨシノに代わると共に、短歌に表される桜観も変遷していきます。

おとろへし舞姫あはれ円山に
　来ては落花を踏みてかへりぬ
（吉井勇）

ゆめさらさら歌に朽つべき身ならねど
　かはゆきものは桜なりけり
（与謝野鉄幹）

清水へ祇園をよぎる桜月夜
　こよひ逢う人みなうつくしき
（与謝野晶子）

老桜咲きて明るしここにゐる
　あまたの人の物いはずゐる
（窪田空穂）

後世は猶《なほ》今生だにも願はざる
　わがふところにさくら来て散る
（山川登美子）

桜ばないのち一ぱいに咲くからに
　生命をかけてわが眺めたり
（岡本かの子）

小説においては、さらに激しい桜観の変化が見られます。

桜の樹の下には屍体が埋まつている！
これは信じていいことなんだよ。何故つて、桜の花があんなにも見事に咲くなんて信じられないことぢやないか。

梶井基次郎の『桜の樹の下には』（1928年）の書き出しは実に衝撃的です。基次郎は、昭和2年、3年にそれぞれ、伊豆湯ヶ島でソメイヨシノを見ています。そこで見たソメイヨシノの究極ともいえる美しさに不安を覚え、死と結びつけたのかもしれません。

屍体はみな腐爛して蛆が湧き、堪らなく臭い。それでいて水晶のような液をたらたらとたらしている。（中略）俺は毛根の吸いあげる水晶のような液が、静かな行列を作って、維管束のなかを夢のようにあがってゆくのが見えるようだ。

基次郎は死を通して、生命の再生を、水晶のように輝く生を見つけ出したのでしょう。

また、坂口安吾は1947年に発表した『桜の森の満開の下』で、『今昔物語』の平安人が信じた怨霊を、敗戦直後の荒涼とした時代に呼び出したのでした。桜は人々を狂わせる妖しきものとして描かれています。

　鈴鹿峠に棲む山賊は旅人を襲っていました。ある時、都からの美しい女連れ旅人を襲い、女を自分の女房にしてしまいます。女は怨霊の化身。山賊をそそのかし、都へ出て残虐な悪事の限りを尽くさせたのでした。都に嫌気がさした山賊は女を背負って鈴鹿の山に戻ると、桜の森が満開でした。轟々と風が吹く桜の下で、背中の女は醜い老婆の鬼と化し、山賊の首を絞めるのでした。極悪な山賊ですら、桜の森の満開の下では、我を失くしてしまうのです。

　さらに時代は下り、現代日本を代表する人気作家である村上春樹の『ノルウェイの森』（１９８７年）では、桜は「エロス」そして「病めるもの」の表象としてこう描かれています。

　春の闇の中の桜の花は、まるで皮膚を裂いてはじけ出てきた爛れた肉のように僕には見えた。庭はそんな多くの肉の甘く重い腐臭に充ちていた。そして僕は直子の肉体を思った。直子の美しい肉体は闇の中に横たわり、その肌からは無数の植物の芽が吹き出し、その緑色の小さな芽はどこかから吹いてくる風に小さく震えて揺れていた。どうしてこんなに美しい体が病まなくてはならないのか、と僕は思った。何故彼らは直子をそっとしておいてはくれないのだ？

　他にも、桜を「エロス」や「死」の表象として描いた現代作家の作品として、瀬戸内寂聴『しだれ桜』、渡辺淳一『うたかた』『桜の樹の下で』、宮本輝『夜桜』などがあります。

　一方、桜そのものをテーマとした名作も生まれています。

　水上勉の『櫻守』（１９６９年）は、桜に生涯を捧げた人物・笹部新太郎をモデルした櫻守・竹部庸太郎と、竹部の桜苗園で仕えた創作の人物・北弥吉との、桜を通しての魂の交流の物語です。実在の笹部が手掛けたダム底に沈むはずであった巨桜を移植するという世紀の大事業を描きながらも、竹部から離れても慕い続け、桜を愛し、桜を守り続け、無名なまま48歳で生涯を閉じる北弥吉を、温かいまなざしで描いています。その死を悼んで竹部はこう語ります。

　人間、死んでしまうと、なあんも残らしまへん。灰になるか、土になるかして、この世に何も残しません。けど、いまわたしは、気づいたことがおす。人間は何も残さんで

『櫻守』の物語のモチーフとなった荘川桜（写真左）と笹部新太郎（写真下）。
（写真提供：荘川観光協会）

死ぬようにみえても、じつは一つだけ残すもんがあります。それは徳ですな…人間が死んで、その瞬間から徳が生きはじめます…北さんを桜の根へ埋めたげようという村の人らも、わたしらも、北さんの徳を抱いておるからこそやおへんか。これは大事なこっとすわ。

また、水上勉は各地の名桜を巡り、愛でたのでしょう。作品の中で、珍しい「揖斐の二度桜」のことを北弥吉に記させています。

美濃の二度桜。揖斐にあり。珍しい桜。葉は浅い単鋸歯にて、赤芽で、あたかも山桜のようにみえるが、花は一重咲きと八重咲き二段咲きとの三種に分れ、一重咲きの花は概ね四月十日頃開き、はじめは淡紅色で、のち白くなる。花の直径約一寸、山桜の花とちがわず。然るに、この時期に、べつの枝に八重の淡紅色咲く。この花弁三十枚から四十五枚くらい。里桜である。四月の下旬にかけて、二段咲きの花また別にあらわれる。これは八重の方の弁が散ったあと花の芯より、更に一個又は数個の花が咲く。

この作品が「桜守」という言葉を、一般的にしました。また、水上勉には『醍醐の桜』『在所の桜』という桜作品もあります。

もうひとつ、桜そのものをテーマとした代表的名作として、宇野千代『薄墨の桜』（1975年）があります。自身着物デザイナーでもあった千代の分身である着物デザイナーの主人公・吉野一枝が、ひとづてに聞いた「根尾谷薄墨桜」を着物の意匠としようと、助手を伴って根尾に老巨桜を観に行くところから、この物語は始まります。そして一枝の前に、妖艶な巨桜の化身として料亭経営者の老女・牧田とその養女である美しく可憐な芳乃が登場し、物語は展開していくのです。

千代は昭和42（1967）年、小林秀雄から聞いた根尾村の「淡墨桜」を見に行き、枯死の危機にあった老桜の無残な姿に心打たれ、保護を訴えて活動しました。その末に生まれたこの作品が、淡墨桜を広く世に知らしめる大きな役割も果たしたのです。

最後に紹介するのは、軍国に枝を曲げられた桜を総括するとでもいえる作品、気骨の作家・城山三郎が綿密な取材を重ねた渾身作『指揮官たちの特攻～幸福は花びらのごとく』です。神風特別攻撃隊第一号に選ばれ、レイテ沖に散った関行男大尉。敗戦を知らされないまま、玉音放送後に「最後」の特攻隊員として沖縄へ飛び立った中津留達雄大尉。すでに結婚をして家庭の幸福もつかんでいた若き指揮官たちは、本望とは言い難い最期を迎えざるをえなかったのです。

まさに桜のごとく散って逝った海軍兵学校の同期生であった二人の人生を対比させながら、大義のための戦争に翻弄された人間を描きました。命を捧げる覚悟で中学四年から予科練に入隊した城山の自伝的作品『大義の末』と対をなす集大成ともいえる作品です。

桜を植えた人　守った人

春の日本列島は、まさに桜の国となります。
日本各地の美しい桜の名所・名木が今に至るまでには、
有名無名の数多くの人々が、桜を植え、桜を守ってきたのです。

荒川堤の五色桜
～絶滅を逃れたサトザクラ～

江戸時代に隆盛を極めた園芸種サトザクラは、明治に入り急速に廃れていきました。こうした状況を憂いていたのは駒込染井界隈の植木屋たちで、中でも高木孫右衛門は、ひときわ多くの品種を集め、保存していました。

明治19（1886）年、荒川堤の改修にあたり、孫右衛門を知る当時の江北村（現在の東京都足立区）の村長であった清水謙吾は、孫右衛門らが集めたサトザクラを移植することを図りました。江北村から西新井村（現・足立区）に至る荒川堤に、78種、3225本の桜が植えられたのです。これが明治後期から昭和初期には「五色桜」として桜名所となり、また、学術的にも貴重なコレクションとなり研究資料としても利用されました。大正8（1919）年には国の名勝指定も受けましたが、相次ぐ堤防の改修工事などで荒廃していき、戦中戦後の混乱期には燃料として伐採されたりして全て失われてしまいました。

しかし、荒川堤への桜の植栽事業に最年少で参加し、桜の維持管理も行っていた船津静作らは、品種の絶滅を恐れ、埼玉県安行などで苗園を作り育成・保存をしていました。そして、ここで育成した桜を全国各地に送り出

明治42年完成した荒川五色桜の絵葉書

しました。今の私たちが、様々な品種の桜を楽しめるのも、こうした先人の努力のお蔭なのです。

また、米国ワシントン市のポトマック公園の桜は、この五色桜から育成した苗を当時の尾崎行雄東京市長が贈ったものです。ワシントンに渡った桜は元気に根付き、子孫も残していました。

昭和56（1981）年、足立区政50周年事業として、由緒ある「五色桜」を復活させるため、主にポットマック公園の桜から枝を採取し、35品種3000本の「桜の里帰り」が実現しました。この里帰り桜は「桜づつみモデル事業」として育成・植樹が続けられて、ふるさとであるこの荒川堤はじめ足立区各所に根をおろし、人々に愛されています。

笹部新太郎と、ダムから救われた荘川桜

笹部新太郎は大阪の大地主の次男として、東京帝国大学を卒業しますが、「月給取りになるな」という父親の言葉に従い生涯職に就かず、桜の研究や指導をするかたわら、自ら開いた桜の演習林や苗園で良種の桜の保存・育成に努めるなど、一生を桜に捧げました。

主な功績として、大阪造幣局の通り抜け、近江舞子の千本桜、奈良公園や吉野山などの植樹・管理指導、ポーランドのショパン生家への八重桜の苗寄贈などがありますが、中でも有名なのは水上勉の小説『櫻守』でも描かれた荘川桜です。

1960年、高度経済成長期の増大する電力需要を賄うために建設される御母衣ダムにより水没する予定地にあった巨桜を、建設事業主である電源開発（現Jパワー）初代総裁高碕達之助は、故郷を離れなければならない村民のためになんとか救えないものかと、笹部に移植を依頼しました。当初笹部はその困難さから固辞したものの、高碕の熱意にほだされ、引き受けることとなりました。

笹部指導の下、豊橋で庭正造園を営む丹羽政光を現場責任者として、世界の植樹史上例のない、巨桜移植の難工事に挑戦しました。樹齢400年以上という老齢とその巨体、さらに、梅とは異なり桜は外傷に弱い樹木ゆえ、困難を極めました。無事移植を終えたものの、枝のほとんどを落とした無残な姿に、再び美しい花を咲かせるとは、村人さえも思えませんでしたし、世間の反応も冷ややかでした。

荘川桜の現在の姿。例年4月下旬から5月上旬にかけて花が咲き誇る。（写真提供：荘川観光協会）

ダムの建設のために村が水没することになったが、地域の老桜だけはなんとか残そうと、史上例のない巨桜の移植に挑戦し、その偉業を達成した。（写真提供：荘川観光協会）

しかし笹部の目算通り、その翌春、桜の活着が確認され、その後の継続した保守管理により年々枝葉を伸ばし続け、いまもかつてのように美しい花を咲かせています。

桜守三代佐野藤右衛門

佐野藤右衛門は代々、京都の御室仁和寺に植木職人として仕え、明治より造園業を営む庭師です。明治から昭和にかけ、十四代目佐野藤右衛門は、滅び行く桜を憂い、日本各地の名桜の収集保存に努め、今も約２００種を保存しています。

昭和22(１９４７)年、京都円山公園の枝垂桜が枯死した際、十五代藤右衛門がこの桜の実から育てていた若木を移植し、今でも祇園の夜桜として親しまれています。また、水上勉の『櫻守』に登場する宇多野藤平は十五代がモデルです。

当代藤右衛門(十六代)は、故イサム・ノグチ氏デザインによるパリのユネスコ日本庭園など、内外で多く著名な施設の造園工事を担っています。

佐野家は三代に渡り、桜の保守保存・保護育成に努めたばかりでなく、桜に関する研究、ならびに多くの資料や工芸品・美術品の収集・保存や作成を続けています。

もっと詳しく知りたい方は、『桜守三代』鈴木嘉一著・平凡社新書

佐野藤右衛門邸の枝垂桜。

太平洋と日本海を桜で結ぼう・さくら道
～佐藤良二～

名古屋市から金沢市までの国鉄バス名金急行線の車掌をしていた佐藤良二さんは清貧の人でした。決して多いとは言えない収入ながら、人の役に立ちたいという強い思いがあり、幼くして母を亡くしたため、親と暮らせない子のためにと、非番の時間を使っては自ら募金を募り、沿線にある養護施設への慈善活動を行っていました。

そんな中、名金線沿線にあった荘川桜の大移植工事を目の当たりにして深く感動し、

一部始終をカメラに収めると共に養護施設の子供たちをその費用を負担して招待しました。さらに、「太平洋と日本海を桜で繋ごう」と名金急行線の沿線に、自ら育てた荘川桜の苗木を植え始めました。佐藤さんは1977年、47歳の若さで亡くなるまで、約2000本の桜を植えました。

起点の名古屋城本丸前にはその1000本目、終着点の金沢市兼六園に1500本目があります。この話は、『さくら道』として刊行され、映画化・テレビドラマ化されただけでなく、国語の教科書にも載りました。

名金急行線は廃止され佐藤も故人となりましたが、その桜は荘川桜と共に毎年名古屋と金沢を結ぶように咲き誇り、旧名金急行線沿線では「さくら道国際ネイチャーラン」というウルトラマラソンが開催されています。

✿もっと詳しく知りたい方は　『さくら道』中村儀朋著・風媒社

淡墨桜と宇野千代

淡墨桜は、由緒ある桜の代表的巨樹として大正時代に国の天然記念物第一号指定を受けましたが、同じころの大雪で本幹に亀裂が入り、これを境に生命に衰えを見せはじめました。種々の保護に努めたものの、昭和23（1948）年の文部省による調査では、3年以内に枯死と認定されてしまいました。ところが翌年、地元有志の要請で、老木再生の名手として知られていた岐阜市の歯科医師、前田利行の指揮の元、238本に上る根接ぎが行われ、見事に復活しました。

しかし、今度は昭和34（1959）年、東海地方を襲った伊勢湾台風によってほとんどの枝がもぎ取られ、淡墨桜は再び無惨な姿になってしまいます。手を尽くすものの回復が進まない中、昭和42年に訪れた宇野千代が老桜の痛々しい姿に心打たれ、雑誌『太陽』にその思いを寄稿し、大きな反響を呼びました。

同時に平野岐阜県知事にも書簡を送りました。これに応えて知事は桜の保護を指示し、岐阜大学の堀武義教授の指導によって、再び不死鳥のごとく甦ったのです。以来、平成19年までに11回の手術を行うなど、大変多くの人の手を借りて樹勢を保っています。

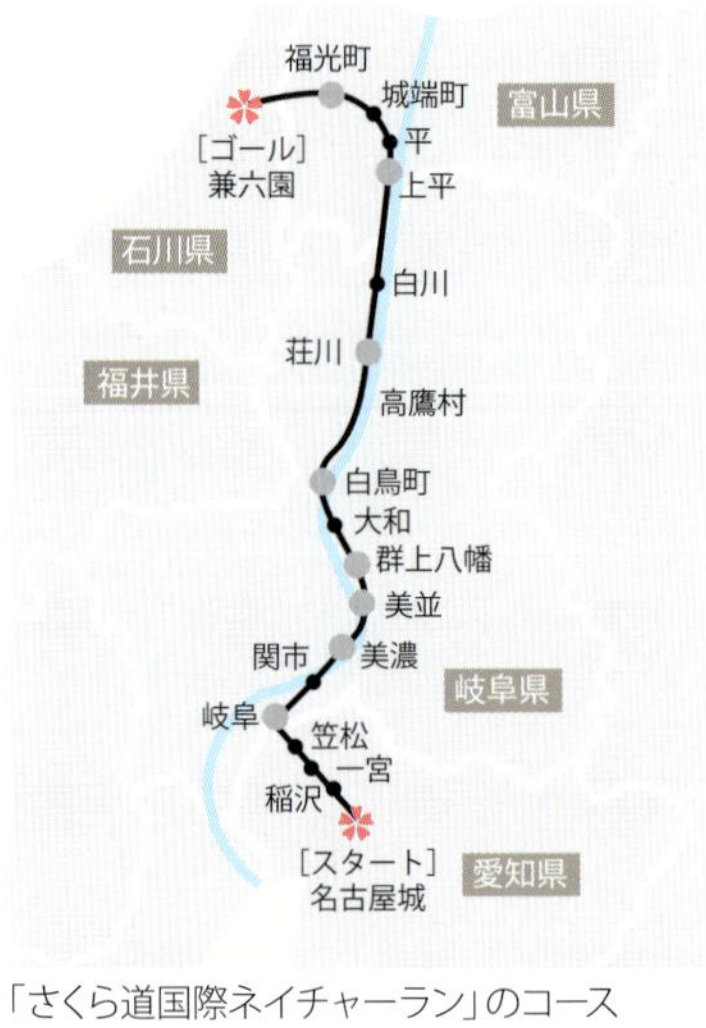

「さくら道国際ネイチャーラン」のコース

陽光桜 ～高岡正明～

高岡正明は、明治42（１９０９）年に愛媛県三内村（現東温市）に生まれ、戦前には青年学校で教員をしていました。青年学校とは、小学校卒業以上の青少年に軍事教練を行う学校でした。高岡は「日本は神の国やけん、負けるわけがない」と言って、教え子を戦地に送り出したのでした。

しかし、日本は敗戦。教え子が戦地で散ったのです。高岡は、自分が彼らを死に追いやったと深く悔い、教え子たちの鎮魂と、戦争根絶の思いを込めて、新品種の桜を作ろうと決意をしました。それは、教え子達が命を散らした極寒のシベリアから、熱帯のジャワまで、どんな気候でも花を咲かせ、病気にも強い、今までにない新たな品種です。この新品種「陽光」は、私財を投げ打って、気が遠くなるほど多くの桜を人工交配させるのを繰り返し、苦節30年をかけて創り出したのです。

さらに、苦労の末に生み出した「陽光」の苗木を、「陽光桜を、世界平和のシンボルにするんじゃ」と、無償で国の内外に送り届けました。米国・韓国の大統領やローマ法王から感謝状が贈られるなど、固い信念に支えられた行動は、無謀とも思えることさえ実現していったのでした。平成13（２００１）年、92歳で生涯を閉じるまで、陽光桜を世界中に無償で配布し続け、今もその意志は継がれています。さらにその生涯は、平成27年には笹野高史主演で映画となりました。

✽もっと詳しく知りたい方は『陽光桜』高橋玄著・集英社

3・11 東日本大震災と桜

平成23（２０１１）年3月11日、突如として東日本を襲った大地震は、津波そして原発事故を招き、未曾有の大被害をもたらすと共に、残された人々の心にも大きな傷を残しました。津波に耐え残った桜、瓦礫に埋もれた桜、放射能に曝された桜、それでも桜は、いつもの年と同じように花を咲かせました。

その桜に、どれだけの人が心癒され、どれだけの人が感動し、どれだけの人に勇気と希望をもたらしたことでしょう。「私たちは諦

陽光桜

東日本大震災で津波に飲み込まれた岩手県大槌町で、震災から約1ヶ月後の4月18日に撮影された写真。街が瓦礫と化したなか、桜はこの年も変わらずに花を咲かせた。（写真提供:AFP＝時事）

めない」、被災地の桜が〝希望の桜〟となったのです。そして、桜をテーマにした復興応援、復興事業、いくつものプロジェクトが自然発生的に動き出しました。ここでは、代表的なものをご紹介します。

「私たちは、悔しいんです」。東北地方では過去にも度々津波による大きな災害を経験してきましたが、残念ながらその教訓を活かすことが出来ずに今回の大被害をもたらせてしまったことに、多くの人が悔やんでいます。

そこで、この大津波について世代を超え代々語り継ぎ、被害を決して風化させない取り組みの必要を痛感したのです。次の時代が、この悔しさを繰り返すことのないように将来予測される大津波の際「避難」の目標となって、住民の方々を守る役割を果たしてくれることを願い、今回の津波到達最終地点に桜を植え、記憶に残る桜並木を造成することになったのです。

この取り組みは、岩手県陸前高田市の「桜ライン311」を始めとして、岩手・宮城・福島の太平洋沿岸各地で津波の到達ラインに桜を植樹し、ラインにそった桜並木を作るプロジェクトとして活動しています。

公益財団法人日本さくらの会

昭和39(1964)年、東京オリンピック開催の年に日本の花「さくら」の愛護・保存・育成・普及などを目的に、当時の船田 中衆議院議長が中心となり、超党派の国会議員有志により設立され、代々の会長には衆議院議長が就任しています。

設立当時の日本の桜は、東京オリンピック開催や国土整備事業により道路拡幅改修や河川改修などによる急激な開発や公害により、また保護、手入れがなされない等、全国的に桜が衰退し、悲惨な状況にあり、その復興が急務となっていました。

日本さくらの会は、設立以来、桜の植樹や愛護、桜名所の保全、名木・巨木保存、また桜を通じた国際親善活動を行っています。「さくらの日」の制定、「さくら功労者」の表彰や、「さくら」に関する相談、情報の提供を行っています。

ここで紹介したエピソード以外にも、日本一の桜名所と言われる弘前城の桜を守ってきた人々や、日本最古の桜の里・吉野山のことなど、紹介したい桜を植え・守った人の話がまだありますが、さらに詳しく知りたい方には、丸山馨著『日本一の桜』(講談社現代新書)をお奨めして、この章を終えたいと思います。

平成27年4月、「日本さくらの会」設立50周年を記念し、東京・霞ヶ関の憲政記念館にて「第50回さくら祭り中央大会」が開催された。秋篠宮殿下同妃両殿下のご臨席を仰ぎ、歴代の桜の女王も来場し、会場は華々しい雰囲気に包まれた。

参考文献

1章　食べる桜

江戸の庶民が拓いた、食文化　渡辺信一郎　三樹書房　1996年
和菓子 夢のかたち　中山圭子 文　阿部真由美 絵　東京書籍　1997年
菓子の文化誌　赤井達郎　河原書店　2005年
事典　和菓子の世界　中山圭子　岩波書店　2006年
あんぱんは なぜ 売れ続けるのか　井上明正　清流社　2006年
馬肉新書 知られざる馬肉のすべて　日本馬肉協会 監修　旭屋出版　2013年

2章　見る桜

日本のさくら さくら名所一〇〇選　日本さくらの会　1990年
日本の名景―桜　日弃貞夫　光村推古書院　1999年
古木の桜はなにを見てきたか　宗方俊遼　河出書房新社　2003年
桜を撮る　竹内敏信　小学館　2000年
週刊四季花めぐり17 桜Ⅰ 全国桜前線　小学館　2003年
週刊四季花めぐり19 桜Ⅱ 西の名木　小学館　2003年
週刊四季花めぐり21 桜Ⅲ 東の名木　小学館　2003年
週刊四季花めぐり23 枝垂れ桜・八重桜　小学館　2003年
週刊四季花めぐり25 山桜　小学館　2003年
旅・写真2 桜めぐり1 里の桜　ニューズ出版　2003年
旅・写真3 桜めぐり2 山里の桜　ニューズ出版　2003年
旅・写真24 桜めぐり3 一本桜　ニューズ出版　2004年
週刊日本の樹木2 ヤマザクラ　学習研究社　2004年
週刊日本の樹木別冊 日本の桜をめぐる　学習研究社　2004年
桜紀行　蔵並秀明　武田出版　2004年
南信州の桜　信越放送　2005年
SAKURA　森田敏隆　世界文化社　2005年
大人のさくら旅　ニューズ出版　2005年
淡墨桜と風姿花伝　中原信子　EH春潮社　2005年
トオサンの桜 散りゆく台湾の中の日本　平野久美子　小学館　2007年
北海道 さくら旅　ピート小林　北海道新聞社　2008年
京都桜案内　水野克比古　光村推古書院　2008年
城の春　さくらの美術　名古屋城特別展開催委員会　2008年
一本桜の里　森田和市 監修　おさひめ書房　2009年
京都 花の縁 さくらにほへと 小松華功　2010年
信仰と史跡の桜 南信州・伊那谷　おさひめ書房　2010年
さくら 日本さくらの会50周年記念誌　(公財)日本さくらの会　2015年
花ぐるひ　平松礼二　美術年鑑社　2001年
さくら図鑑　中島千波　求龍堂　2002年
櫻つれゞ　公益財団法人白鹿記念酒造博物館　2013年

3章　知る桜

◇植物としてのサクラ
桜 さくら サクラ100の素顔　東京農業大学短期大学部生活科学研究所編　東京農業大学出版会　2000年
新 日本の桜　大場秀章 川崎哲也　田中秀明　山と渓谷社　2007年
サクラとウメの花の香り　堀内哲嗣郎　フレグランスジャーナル社　2007年
サクラ ハンドブック　大原隆明　文一総合出版　2009年
日本の桜　勝木俊雄　学研教育出版　2014年
サクラ保存林ガイド　森林総合研究所多摩森林科学園　2014年
桜　勝木俊雄　岩波新書　2015年

◇桜と日本人
桜と日本人　小川和佑　新潮社　1993年
桜誌―その文化と時代誌―　小川和佑　原書房　1998年
ねじ曲げられた桜 美意識と軍国主義　大貫恵美子　岩波書店　2003年
ツバキとサクラ　大場秀章　秋山忍　岩波書店　2003年
桜が創った「日本」―ソメイヨシノ 起源への旅　佐藤俊樹　岩波新書　2005年
人はなぜ花を愛でるのか　日高敏隆 白幡洋三郎 編　八坂書房　2007年
桜と日本文化 清明美から散華に花へ　小川和佑　新潮社　2007年
花見と桜〈日本的なるもの〉再考　白幡洋三郎　八坂書房　2015年

◇桜はどこから来たか
桜の来た道―ネパールの桜と日本の桜―　染郷正孝　信山社　2000年

◇桜は一年中どこかで咲いている
桜は一年じゅうどこかで咲いている　印南和磨　河出書房新社　2004年

◇詠まれた桜　書かれた桜
櫻守　水上勉　新潮文庫　1976年
薄墨の桜　宇野千代　集英社文庫　1979年
日本の名随筆 桜　竹西寛子 編　作品社　1988年
桜の森の満開の下　坂口安吾　講談社文庫　1989年
古今集の桜と紅葉　佐田公子　笠間書院　2008年
週刊日本の歳時記1 桜咲く　小学館　2008年
桜は本当に美しいのか　水原紫苑　平凡社新書　2014年

◇桜を守った人、植えた人
さくら道―太平洋と日本海を桜で結ぼう　中村儀朋 編著　風媒社　1994年
季刊 銀花 2004春第百三十七号 櫻守　文化出版局　2004年
日本一の桜　丸谷馨　講談社現代新書　2010年
希望の桜3・11東日本大震災　鴨志田孝一　講談社　2012年
陽光桜　高橋玄　集英社　2015年

桜花抄　佐野藤右衛門　誠文堂新光社　1970年
これだけは見ておきたい桜　栗田勇 久保田淳 他　新潮社　1986年
週刊花百科／フルール② さくら　講談社　1995年
さくら百花事典　あなたも桜博士になれる　婦人画報社　1993年
桜―日本人の心・桜はなぜ人に愛されるのか　品川実　1994年
桜信仰との日本人　田中秀明 監修　青春出版社　2003年
「桜と日本人」ノート　安藤潔　2004年
桜あそび　岡村比都美　WAVE出版　2006年
桜の雑学事典　井筒清次　日本実業出版社　2007年
桜の話題事典　大貫茂　東京堂出版　2010年
さくら百科　永田洋 浅田信行 他編　丸善出版　2010年
みんなのさくらブック　アスペクト編集部 編　アスペクト　2011年
桜の教科書　森本幸裕 監修　京都通信社　2015年

さくら図鑑

桜の品種は実に多種多様です。ここでは、園芸品種を抜粋してご紹介します（野生種はＰ１２５参照）。
資料提供：「(公財)日本花の会」
※一部画像は「伊勢市」、「蜂須賀桜地武家屋敷の会」より

3月上旬頃

早咲きの桜

河津桜［カワヅザクラ］
一重咲／大輪／紫紅色／亜高木／傘状
伊豆半島の河津町で発見された品種。河津町では2月上旬から約1ヶ月間開花している。

寒桜［カンザクラ］
一重咲／中輪／淡紅色／亜高木／盃状
寒緋桜と山桜の雑種と推定され、暖地では1月から開花する。熱海桜はこの品種の一系統とされる。

椿寒桜［ツバキカンザクラ］
一重咲／中輪／淡紅色／高木／傘状
原木は愛媛県松山市・伊豫豆比古命神社にあり、支那実桜と他種の雑種。切り花用にも適する。

蜂須賀桜［ハチスカザクラ］
一重咲／中輪／淡紅色／亜高木／盃状
江戸時代には徳島城御殿にあり、樹齢200年以上。寒緋桜と山桜の雑種と推定される。

3月中下旬頃

染井吉野より少し早く咲く桜

小彼岸［コヒガン］
一重咲／小輪／淡紅色／亜高木／盃状
江戸彼岸と豆桜の雑種と推定される。複数の系統があり切り花や小庭園にも向く品種。

大寒桜［オオカンザクラ］
一重咲／中輪／淡紅色／高木／傘状
埼玉県川口市安行にあった桜で別名、安行寒桜。寒緋桜と大島桜の雑種と推定される。

大漁桜［タイリョウザクラ］
一重咲／大輪／淡紅色／高木／傘状
熱海市で角田春彦が作出。花に旗弁がでることと鯛の色に因んで名づけられた。

オカメ
一重咲／小輪／紫紅色／低木／広卵状
英国の桜研究家イングラムが寒緋桜と豆桜を交配して作出した品種で狭い庭や鉢植えに適する。

高遠小彼岸［タカトオコヒガン］
一重咲／中輪／淡紅色／高木／傘状
長野県伊那市・高遠城址公園に古くから植えられていた桜で越の彼岸の一系統と考えられる。

熊谷桜［クマガイザクラ］
八重咲／小輪／淡紅色／低木／盃状
鎌倉時代の武将、熊谷直実に因んで名づけられた近畿豆桜の八重咲き品種。

紅枝垂［ベニシダレ］
一重咲／小輪／濃紅色／高木／枝垂状
江戸彼岸の枝垂れ性品種で花色が紅色の系統。個体により色の濃さや花形、開花期に差がある。

越の彼岸［コシノヒガン］
一重咲／中輪／淡紅色／高木／傘状
江戸彼岸と近畿豆桜の雑種。複数の系統があるが日本花の会で選抜・増殖した越村型が普及。

花形参考図

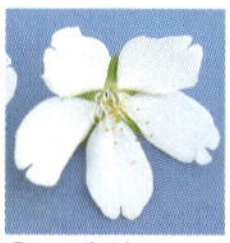
①一重咲

②半八重咲

③一重・八重咲

④八重咲

⑤菊咲・段咲なし

⑥菊咲・段咲あり

花弁数は①5枚②約6～15枚③5枚と約6～10枚の花が一樹中に混在する④約20～70枚⑤100枚以上で段咲しない⑥100枚以上で段咲する。段咲とは写真のように花の中から花が現れる咲き方

・花の大きさは小輪（約2.5cm以下）、中輪（約2.5～3.5cm）、大輪（約3.5～6cm）、極大輪（約6cm以上）と区別される。
※花弁数や花径は、樹齢や環境による変化も見られる。

樹形参考図

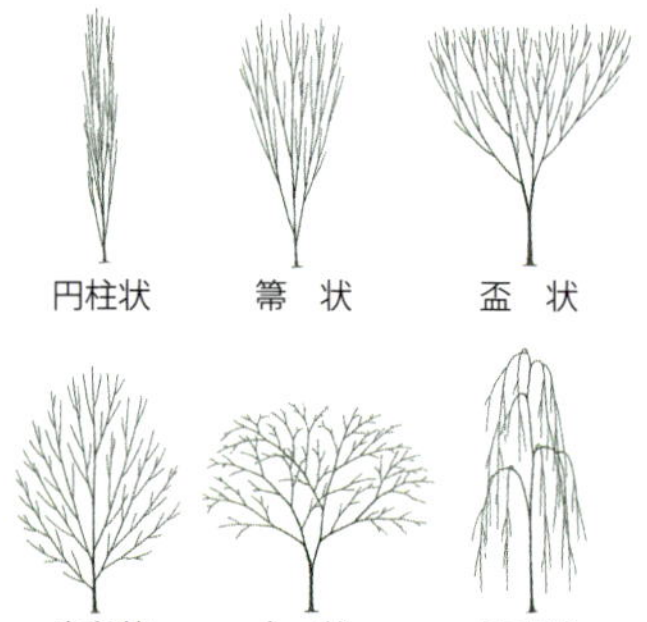

・樹高は低木性（2～3m）、亜高木性（3～8m）、高木（8m以上）と区別される。

4月上中旬頃

染井吉野の少し後に咲く桜

舞姫［マイヒメ］
八重咲／中輪／淡紅色／高木／盃状
樹全体が花で覆われ美しい八重桜。日本花の会・さくら見本園で作出された農林水産登録品種。

枝垂山桜［シダレヤマザクラ］
一重咲／中輪／白色／亜高木／枝垂状
山桜系の品種で、枝垂れ性品種の中では枝が太く、横に拡がる。別名、仙台枝垂。

永源寺［エイゲンジ］
八重咲／大輪／白色／亜高木／傘状
滋賀県東近江市・永源寺にあった桜で、花弁数は少ないが花径6cm近い大きな花を咲かせる。

八重紅大島［ヤエベニオオシマ］
八重咲／大輪／淡紅色／高木／広卵状
伊豆大島で発見され、尾川武雄が命名した桜で、大島桜の品種とされるが他種との雑種という説もある。

仙台屋［センダイヤ］
一重咲／中輪／紅色／高木／広卵状
高知県高知市・仙台屋という店にあったことから牧野富太郎が名づけた、山桜系の品種。

思川［オモイガワ］
半八重咲／中輪／淡紅色／亜高木／傘状
久保田秀夫が栃木県小山市にあった桜から実生苗を育成し、市内を流れる川に因んで命名した。

八重紅枝垂［ヤエベニシダレ］
八重咲／小輪／紅色／高木／枝垂状
江戸彼岸の枝垂れ性の品種。同じ名でも花色の濃淡や開花の早晩などに異なる系統がみられる。

太白［タイハク］
一重咲／大輪／白色／高木／盃状
英国の桜研究家・イングラムが日本から導入、栽培していた桜で、日本に里帰りして命名された。

御殿場桜［ゴテンバザクラ］
一重咲／中輪／淡紅色／低木／広卵状
豆桜と他種の雑種と推定される品種で、挿し木増殖が容易で花着きがよいので鉢植えに適する。

八重紅彼岸［ヤエベニヒガン］
八重咲／中輪／淡紅色／亜高木／盃状
小彼岸の八重咲き品種。枝が横に拡がらないことや大木にならないので小庭園にも適する。

高砂［タカサゴ］
八重咲／大輪／淡紅色／亜高木／盃状
丁字桜と里桜の一種との雑種と推定され、葉や花柄、がくなどに毛が密生する早咲きの八重桜。

静匂［シズカニオイ］
一重咲／中輪／淡紅色／亜高木／盃状
静岡県三島市・国立遺伝学研究所で山桜の実生から選抜された品種。花の芳香から命名された。

4月上旬頃

染井吉野と同じ頃に咲く桜

小松乙女［コマツオトメ］
一重咲／中輪／淡紅色／高木／傘状
東京都・上野恩賜公園の小松宮銅像近くに原木があり、染井吉野より少し早く開花、色も濃い。

白雪［シラユキ］
一重咲／大輪／白色／亜高木／広卵状
明治時代に東京の江北村・荒川堤に植えられた中から発見され、開花時の様子から三好学が命名。

染井吉野［ソメイヨシノ］
一重咲／中輪／淡紅色／高木／傘状
花見の名所地を代表する桜だが、伝染病の桜てんぐ巣病に罹るため、各地で問題となっている。

陽光［ヨウコウ］
一重咲／中輪／淡紅色／高木／傘状
愛媛県西条市で高岡正明により作出された桜で、染井吉野に似るがやや花が大きく色も濃い。

4月中下旬頃

遅咲きの桜

大村桜［オオムラザクラ］
菊咲（段咲有）／大輪／淡紅色／高木／盃状
長崎県大村市・大村神社で外山三郎が発見、命名した品種で、大村市の市の花に指定されている。

関山［カンザン］
八重咲／大輪／濃紅色／高木／盃状
八重桜の代表的な品種で公園や街路などに広く植えられている。海外でも人気が高い品種。

菊枝垂［キクシダレ］
菊咲（段咲無）／中輪／紅色／亜高木／枝垂状
霞桜が関係したと推定される品種で、現在、菊咲の枝垂れ性品種は他に知られていない。

御衣黄［ギョイコウ］
八重咲／中輪／黄緑に緑色／高木／盃状
開花がやや遅く、黄緑色に緑の筋が入る点が鬱金と異なるとされるが鬱金でも似た系統がある。

4月中旬頃

やや遅咲きの桜

千里香［センリコウ］
一重八重咲／大輪／白色／高木／広卵状
明治時代に東京の江北村・荒川堤に植えられた品種で、名前は花に芳香があることに因む。

鬱金［ウコン］
八重咲／大輪／黄緑色／高木／盃状
江戸時代から知られ、植物のウコンで染めた色に似ていることから名がつけられたといわれる。

天の川［アマノガワ］
八重咲／中輪／淡紅色／亜高木／円柱状
枝が直立し円柱状の樹形になり、狭い場所にも適する品種。花は上向きに開花し、芳香がある。

手弱女［タオヤメ］
八重咲／中輪／淡紅色／亜高木／広卵状
原木は古くから様々な品種が植えられた京都市・平野神社境内にあった。がく筒にしわが多い。

大沢桜［オオサワザクラ］
半八重咲／大輪／淡紅色／高木／盃状
京都市嵯峨・大沢池にあった原木から佐野藤右衛門により増殖された。時に副がく片がある。

市原虎の尾［イチハラトラノオ］
八重咲／中輪／白色／亜高木／盃状
京都市左京区市原にあった山桜系の品種で、花の着き方が虎の尾状になることから名づけられた。

花笠［ハナガサ］
八重咲／大輪／淡紅色／高木／傘状
浅利政俊が福禄寿の実生苗から育成し、大輪咲の花の形が花笠に似ているところから命名された。

朱雀［シュジャク］
八重咲／大輪／淡紅色／亜高木／盃状
別名・スザク。京都の朱雀にあったのが名前の由来という。小花柄が細く長い点が特徴のひとつ。

一葉［イチヨウ］
八重咲／大輪／淡紅色／高木／広卵状
葉化した1本の雌しべが名前の由来。樹勢強健で大木になり、八重桜の中では寿命も長い。

御車返し［ミクルマガエシ］
一重八重咲／大輪／淡紅色／亜高木／盃状
江北村・荒川堤に植えられていた品種で花弁数が5〜8枚の花が混在することが名前の由来。

白妙［シロタエ］
八重咲／大輪／白色／高木／盃状
江北村・荒川堤に植えられていた品種で代表的な白花の八重桜。蕾は淡紅色を帯びる。

妹背［イモセ］
八重咲／大輪／紅色／亜高木／盃状
京都市・平野神社にあった品種で、一花に二つの果実が実ることを妹背に見立て名づけられた。

9～11月と4月頃

秋と春に咲く桜

子福桜［コブクザクラ］
八重咲／中輪／白色／亜高木／広卵状
支那実桜が関係した品種。誤って十月桜とされることが多いが花色と花弁数で明確に区別できる。

四季桜［シキザクラ］
一重咲／小輪／淡紅色／亜高木／傘状
小彼岸の一重咲で二季咲の品種。同じ名前でも花色や大きさの異なる系統が知られている。

十月桜［ジュウガツザクラ］
半八重咲／中輪／淡紅色／亜高木／傘状
江戸彼岸と豆桜の雑種とされる小彼岸の二季咲品種。同じ名前でも複数の系統がある。

冬桜［フユザクラ］
一重咲／中輪／白色／亜高木／広卵状
別名、小葉桜。群馬県の旧三波川村に名所があることから三波川冬桜と呼ばれることもある。

4月下旬頃

極く遅咲きの桜

麒麟［キリン］
八重咲／大輪／濃紅色／亜高木／盃状
関山に類似とされるが、麒麟はがく片や葉縁に著しい鋸歯があることで明確に区別できる。

兼六園菊桜［ケンロクエンキクザクラ］
菊咲（段咲有）／大輪／淡紅色／亜高木／広卵状
原木は金沢市･兼六園にあった桜で、慶応年間に孝明天皇より前田家に下賜されたといわれる。

静桜［シズカザクラ］
一重八重咲／中輪／淡紅色／亜高木／盃状
原木は栃木県宇都宮市野沢町にあり、静御前にまつわる伝説が残されている霞桜系の品種。

奈良の八重桜［ナラノヤエザクラ］
八重咲／中輪／淡紅色／高木／広卵状
奈良市･知足院の裏山で発見された霞桜の八重咲品種。奈良県、奈良市の花に選定されている。

4月中下旬頃

普賢象［フゲンゾウ］
八重咲／大輪／淡紅色／高木／傘状
葉化した二本の雌しべの形状を普賢菩薩の乗る白い象に関連付けて名づけられたといわれる古い品種。

松月［ショウゲツ］
八重咲／大輪／淡紅色／亜高木／傘状
蕾の外側は紅色、開花した花は白色となるため、樹全体が濃淡で彩られ八重桜では最も美しい。

紅時雨［ベニシグレ］
八重咲／大輪／濃紅色／高木／盃状
浅利政俊が東錦の実生苗から育成し、紅色の花が垂下して開花するところから命名された。

駿河台匂［スルガダイニオイ］
一重八重咲／大輪／白色／亜高木／傘状
江戸時代に駿河台（現東京都千代田区）の庭園にあったといわれ、花の芳香が特によい品種。

楊貴妃［ヨウキヒ］
八重咲／大輪／淡紅色／亜高木／盃状
江戸や糸括、八重紅虎の尾など類似品種と混同されていたが、がく片の形などで区別できる。

泰山府君［タイザンフクン］
八重咲／中輪／淡紅色／亜高木／箒状
泰山府君は中国の花の神で平安時代、桜を愛好した藤原茂範が花の寿命が延びる様祈ったという。

蘭蘭［ランラン］
八重咲／大輪／白色／高木／盃状
浅利政俊が白蘭と雨宿の交配で育成した品種。上野動物園にいたパンダ･蘭蘭に因み命名された。

福禄寿［フクロクジュ］
八重咲／大輪／淡紅色／亜高木／広卵状
江戸時代から知られる品種で学名のContortaは、ねじれたを意味し花弁の形状からつけられた。

桜文化への想い

―あとがきに代えて―

私が代表を務める「山眞産業」は昭和30（１９５５）年9月の創業以来、60周年の還暦を迎えることになりました。創業から15年間は、羊羹などの和菓子の原料・寒天の卸売専業でしたが、桜餅に使う桜葉漬を皮切りに柏餅の葉や草餅の蓬《よもぎ》など、和菓子の副材料の卸問屋へと発展していきました。ところが創業社長である父・昭作が58歳の若さで急逝。その時、私は入社して3年目、28歳の世の中がなんであるかもろくに知らない若造でした。しかし先代時代からのスタッフや取引先の皆さんに支えられながら、幾度かのターニングポイントを経て、桜素材のパイオニアとして桜スイーツの仕掛人となり、現在に至ります。

我社が桜餅に使う桜葉漬の卸売りに携わり45年、さらに桜葉・桜花の加工食材を開発してから18年が経過し、今では主力商品に育ちました。春になると、デパ地下をはじめ、カフェやレストランなど、様々な場で多彩な桜スイーツが咲き乱れるようになり、桜スイーツに使われる桜素材でトップシェアを誇るまでになりました。

食用としては、桜葉漬には香気豊かで葉に産毛が無い大島桜の葉、桜花漬には色香がよく大輪の八重桜の花を用いて加工します。しかし現在では桜といえば、ソメイヨシノがディフェクトスタンダード（事実上の標準）とされる傾向が非常に強く、お客様からも「なぜ桜の商材にソメイヨシノを使わないのか」といったお言葉を頂戴することもあり、世間一般の「ソメイヨシノに非ずんば桜に非ず」といった風潮には危機感を覚えずにいられません。本来、桜はそのような単一のものでなく、奥深く多様なものなのです。

そこで桜に関わる者として、もっと幅広く桜の愉しみ方を知ってもらいたいという強い念《おも》いから、「見て愉しむ桜」「知って愉しむ桜」「食べて愉しむ桜」という三つの視点を軸に、多様な桜の愉しみ方を提案する形で『桜の本』としてまとめ、桜と共に発展してきた「山眞産業」創立60周年の記念事業の一環として制作することにしたのです。

さて、当初は仕事として関わりはじめた桜ですが、いつしかすっかり桜の魅力に憑かれていました。桜の名所はもちろん、古桜・巨桜・名桜があると聞けば、あちらこちらへ見に行き、桜に関する書物があれば読み漁り、桜関連の展覧会に足を運べば桜の絵や工芸品を買ってしまう。さらに私自身も桜色のシャツやジャ

丹沢山地を望む、八重桜の里・秦野にて。
濃紅色の花は関山（カンザン）、淡紅色の花は普賢象（フゲンゾウ）。

ケットを着て桜柄のネクタイを締め、桜をモチーフにした小物を身に付ける。自社の敷地には桜の木を植え、さらにあちこちに桜の木を寄贈する……。いつのまにか桜に憑りつかれた先人たちと同じような道を辿っていることに気づきました。

今回、本書の制作にあたり、今まで蒐《あつ》めた関連書物をもう一度、読み直したり、新たな書物を読んでいくと、日本における桜文化の深さや広がりを知り、桜が日本文化を象徴するものであるとあらためて痛感します。近年「和食」が世界文化遺産に登録されたように、日本の「桜文化」も世界遺産に値するのではないかと思うようになりました。

また桜の名所は秋には紅葉の名所にもなるケースが多く、それぞれのシーズンに桜や紅葉がもたらす経済効果は計り知れないものがあります。最近〝地方創生〟や〝インバウンド（ここでは訪日外国人旅行の意）〟といった言葉をよく耳にしますが、桜の名所がもたらすこうした効果は、まさに今の時代に即したものであり、地方の活性化にも貢献できる力があるのではないかと思っています。

この度の本づくりを通して、あらためて会社の歩みや自分自身を振り返ることになり、今は亡き父母、支え続けてくれた家族、かつての社員の方々、今働いている社員の方々、ずっと我社を支えていただいたお得意先様・仕入先様・取引先様、本当に多くの皆さんに深く感謝いたしております。

本の制作にあたっては「日本さくらの会」をはじめ、多数の関連機関にご協力をいただきました。また刊行にあたっては旭屋出版の永瀬さん、柴田さん、齋藤さんにお力添えをいただきました。取材においてはカメラマン、ライターの方々、レシピ開発についてはシェフの皆さん、インタビューや寄稿をお受けいただいた先生方、そして紙面の都合で、ここではすべての方のお名前を書けませんが、この場を借りて皆様にお礼申し上げます。そして最後までお付き合いいただきました読者の皆様にも、心より感謝申し上げます。本書を通して、桜に関わる様々な面への理解を深め、いろいろな桜を楽しんでいただけると幸いです。

歴史を顧みると、平和な時代にこそ、桜文化の発展がありました。満開の桜のような「平和の花」が、日本中に、世界中に咲き続けることを願っています。

平成28年2月

平出 眞

編著者プロフィール

平出　眞［ひらで まこと］

1958年名古屋市生まれ。1981年青山学院大学文学部卒業後、東京の食品専門商社勤務を経て、家業の和菓子副材料卸問屋・山眞産業㈱に入社。1996年代表取締役に就任。就任後は、オリジナル商品の開発と市場開拓を積極的に進めた。中でも、新たな「桜の食材」を開発、桜餅や桜あんパン以外の用途を開発提案したことにより、桜スイーツという新しいマーケットを創造した仕掛人となった。また、仕事を超えて桜への興味関心は尽きることがなく、「桜」に関する活動がライフワークとなっている。日本さくらの会会員、日本花の会会員、桜ライン３１１サポーター。

■撮　　影　後藤行弘（旭屋出版）　曽我浩一郎（旭屋出版）
川島英嗣（ケイズテクノ）　佐々木雅久　東谷幸一　吉田和行
■取　　材　大畑加代子　岡本ひとみ　駒井麻子　久保田恵美
下前ユミ　西 倫世　三上恵子
■アートディレクション　國廣正昭
■デザイン　佐藤暢美　柳澤由季恵
■編集マネージャー　雨宮 響
■編　　集　齋藤明子

美味しい櫻

食べる桜・見る桜・知る桜

発行日 ―― 平成28年2月2日　初版発行
編著者 ―― 平出《ひらで》　眞《まこと》
発行者 ―― 早嶋　茂
制作者 ―― 永瀬正人
発行所 ―― 株式会社 旭屋出版
〒107−0052
東京都港区赤坂1−7−19
キャピタル赤坂ビル8階
郵便振替　00150−1−19572
電　話　03−3560−9065（販売）
電　話　03−3560−9066（編集）
FAX　03−3560−9071（販売）
URL　http://www.asahiya-jp.com
印刷・製本 ―― 凸版印刷株式会社

ISBNISBN978-4-7511-1177-2　C2077